“新八级工”职业技能等级制度实施指南

人力资源和社会保障部职业能力建设司　组织编写

中国劳动社会保障出版社

图书在版编目(CIP)数据

“新八级工”职业技能等级制度实施指南/人力资源和社会保障部职业能力建设司组织编写. -- 北京：中国劳动社会保障出版社，2022

ISBN 978-7-5167-5699-7

Ⅰ.①新… Ⅱ.①人… Ⅲ.①职业技能-等级制度-中国-指南 Ⅳ.①C975-62

中国版本图书馆 CIP 数据核字(2022)第 193734 号

中国劳动社会保障出版社出版发行

（北京市惠新东街 1 号 邮政编码：100029）

*

保定市中画美凯印刷有限公司印刷装订 新华书店经销

880 毫米×1230 毫米 32 开本 6.125 印张 84 千字

2022 年 10 月第 1 版 2023 年 1 月第 2 次印刷

定价：28.00 元

营销中心电话：400-606-6496

出版社网址：http://www.class.com.cn

劳动者素质对一个国家、一个民族发展至关重要。技术工人队伍是支撑中国制造、中国创造的重要基础，对推动经济高质量发展具有重要作用。要健全技能人才培养、使用、评价、激励制度，大力发展技工教育，大规模开展职业技能培训，加快培养大批高素质劳动者和技术技能人才。要在全社会弘扬精益求精的工匠精神，激励广大青年走技能成才、技能报国之路。

——习近平总书记对我国技能选手在第 45 届世界技能大赛上取得佳绩作出重要指示

对设有高级技师的职业（工种），可在其上增设特级技师和首席技师技术职务（岗位），在初级工之下补设学徒工，形成由学徒工、初级工、中级工、高级工、技师、高级技师、特级技师、首席技师构成的“八级工”职业技能等级（岗位）序列，从而为我国建立健全技能人才“新八级工”职业技能等级制度奠定基础。

目　　录

上　篇

政策文件

新闻宣传

专家解读

下 篇

地方实践

企业实践

上　篇

政策文件

人力资源社会保障部关于健全完善新时代技能人才职业技能等级制度的意见（试行）

（人社部发〔2022〕14号）

各省、自治区、直辖市及新疆生产建设兵团人力资源社会保障厅（局），国务院各部委、各直属机构人事劳动保障工作机构，中央军委政治工作部兵员和文职人员局，有关行业组织、企业人事劳动保障工作机构：

为贯彻落实习近平总书记关于产业工人队伍建设和技能人才工作的一系列重要指示精神，根据中共中央、国务院关于新时期产业工人队伍建设改革、加强和改进新时代人才工作等有关文件要求，现就健全完善新时代技能人才职业技能等级制度提出如下意见。

一、总体要求

（一）指导思想。

以习近平新时代中国特色社会主义思想为指导，全面贯彻党的十九大和十九届历次全会以及中央人才工作会议精神，健全技能人才培养、使用、评价、激励制度，畅通技能人才职业发展通道，提高待遇水平，增强荣誉感获得感幸福感，吸引更多劳动者走技能成才、技能报国之路，缓解技能人才短缺问题，充分发挥技能人才在经济社会高质量发展中的重要作用，为全面建设社会主义现代化国家提供有力的人才和技能支撑。

（二）基本原则。

——坚持能力为本。围绕经济社会发展对技能人才的需求，充分发挥评价“指挥棒”作用，引导各级各类职业技能培训机构培训方向，激发技能人才参加职业技能培训的内生动力。

——坚持科学评价。遵循技能人才成长规律，以品德、能力、业绩、贡献为导向，完善职业标准，创新评价方式，规范评价流程，坚持考评结合、逐级认定，客观公正评价。优秀的可越级考评。

——坚持效果导向。聚焦技能人才职业发展中的“天花板”问题，完善职业技能等级（岗位）设置体系，畅通技能人才职业发展通道，延伸拓展其成长进步阶梯，推动形成人人学技能、有技能、长技能、比技能的技能型社会。

——坚持岗位使用。围绕用好用活人才，完善促进技能人才发展的政策措施，营造有利于技能人才成长和发挥作用的制度环境，让更多技能人才立足岗位，钻研技能，执着专注，实现岗位成才。

（三）目标任务。

“十四五”期末，在以技能人员为主体的规模以上企业和其他用人单位（以下简称用人单位）中，全面推行职业技能等级认定，普遍建立与国家职业资格制度相衔接、与终身职业技能培训制度相适应，并与使用相结合、与待遇相匹配的新时代技能人才职业技能等级制度。涌现一大批高技能领军人才、大国工匠、能工巧匠，高端带动作用不断增强，引领集聚效应不断扩展，培养造就一支数量充足、结构合理、等级清晰、素质优良的产业工人队伍。

二、健全职业技能等级制度体系

（四）全面推行职业技能等级制度。实行技能人才职业技能等级制度，由用人单位和社会培训评价组织（以下简称社评组织）按照有关规定实施职业技能等级认定，使有技能等级晋升需求的人员均有机会得到技能评价。对关系公共利益或涉及国家安全、公共安全、人身健康、生命财产安全的职业（工种），纳入国家职业资格目录，依法实行职业资格准入，并做好与职业技能等级认定的衔接。

（五）健全技能岗位等级设置。企业根据技术技能发展水平等情况，结合实际，在现有职业技能等级设置的基础上适当增加或调整技能等级。对设有高级技师的职业（工种），可在其上增设特级技师和首席技师技术职务（岗位），在初级工之下补设学徒工，形成由学徒工、初级工、中级工、高级工、技师、高级技师、特级技师、首席技师构成的职业技能等级（岗位）序列。行业企业根据自身特点，考虑历史沿用、约定俗成等因素，对上述技能等级名称可使用不同称谓，并明确其与相应技能等级的对应关系。

（六）完善职业标准体系。建立健全由职业标准、评价规范、专项职业能力考核规范等构成的多层次、相互衔接、国际可比的职业标准体系。以满足人力资源管理需要和职业教育培训、技能评价需要为目标，按照职业标准编制技术规程确定的原则和要求开发职业标准或评价规范，并将职业道德、职业操守和劳模精神、劳动精神、工匠精神等要求纳入其中。对国家确定的职业（工种），各省（区、市）和部门（行业）可依托行业组织、龙头企业和院校等开发职业标准或评价规范。

（七）促进职业发展贯通。以职业分类为基础，统筹规划职业技能等级制度、职称制度、职业资格制度框架，并建立境外职业资格证书认可清单制度，避免交叉重复设置和评价，降低社会用人成本。鼓励专业技术人才参加职业技能评价。探索在数字经济领域促进技术技能人才融合发展。

三、完善职业技能等级认定机制

（八）实行分类考核评价。用人单位和社评组织要根据不同类型技能人才的工作特点，实行分类评价。在统一的职业标准体系框架基础上，对技术技能型人才的评价，要突出实际操作能力和解决关键生产技术难题等要求。对知识技能型人才的评价，要突出掌握运用理论知识指导生产实践、创造性开展工作等要求。对复合技能型人才的评价，要突出掌握多项技能、从事多工种多岗位复杂工作等要求。

（九）采取不同考核评价方式。学徒工的转正定级考核，由用人单位在其跟随师傅学习期满和试用期满后，依据本单位有关要求进行。参加中国特色企业新型学徒制的学员按照培养目标进行考核定级。初级工、中级工、高级工、技师、高级技师等级考核是技能考核评价的主体，由用人单位和社评组织按照职业标准和有关规定进行。鼓励支持采取以赛代评方式，依据职业标准举办的职业技能竞赛按照有关规定对获得优秀等次的选手晋升相应职业技能等级。

首席技师、特级技师是在高技能人才中设置的高级技术职务（岗位），一般应在有高级技师的职业（工种）领域中设立，通过评聘的方式进行，实行岗位聘任制。要稳妥有序开展特级技师、首席技师评聘工作，不搞高级技师普遍晋升。对本意见印发前已开展高级技师以上评审工作的，按照本意见有关要求进行复核确认。

特级技师评聘工作要在工程技术领域先行试点的基础上逐步扩大范围，由省级及以上人力资源社会保障部门指导用人单位制定实施方案，对评审标准、程序、办法和配套措施等作出具体规定。用人单位按照制定方案、组织评审、公示核准、任职聘用等程序组织实施。

首席技师原则上从特级技师中产生。首席技师是在技术技能领域作出重大贡献，或本地区、本行业企业公认具有高超技能、精湛技艺的高技能人才。首席技师评聘工作要在特级技师评聘的基础上先行试点、逐步推开，由省级及以上人力资源社会保障部门、国务院有关行业主管部门指导用人单位实施，采取基层推荐、地方或行业评审、公示核准、用人单位聘任等程序进行。

（十）支持用人单位自主开展职业技能等级认定。用人单位结合生产经营特点和实际需要，按照有关规定自主开展技能人才评价。鼓励用人单位在职业技能等级认定工作初期，广泛开展定级考评，根据岗位条件、职工日常表现、工作业绩等，按照有关规定认定职工相应职业技能等级。用人单位可将职业技能等级认定与岗位练兵、技术比武、技术攻关、揭榜领题等相结合。打破学历、资历、年龄、比例等限制，对技艺高超、业绩突出的一线职工，按照规定直接认定其相应技能等级。被派遣劳动者可在用工单位进行职业技能等级认定。

（十一）推行社会化职业技能等级认定。按照统筹规划、合理布局、严格条件、择优遴选、动态调整的原则，面向社会公开征集遴选社评组织。社评组织根据市场需求和劳动者就业创业需要，依据有关规定，按照客观、公正、科学、规范的原则，面向劳动者开展职业技能等级认定。

（十二）指导技工院校全面开展职业技能等级认定。促进技工院校教学与企业用人需求紧密结合，推行工学一体化技能人才培养模式，加强专业设置与产业需求对接、课程内容与职业标准对接、教学过程与工作过程对接，积极为学生提供职业技能等级认定服务。同时，支持技工院校依托合作企业为学生提供职业技能等级认定服务。加大将技工院校培育为社评组织力度，面向各类就业群体提供职业技能等级认定服务。

四、促进职业技能等级认定结果与培养使用待遇相结合

（十三）充分发挥技能评价对提高培养培训质量的导向作用。要将职业技能等级认定作为引导职业技能培训方向、检验培训质量的重要手段。依据职业标准组织开展各等级职业技能培训，突出能力导向，强化高技能人才培训，促进职业技能培训与职业技能等级认定有机衔接。推动建立并形成贯穿劳动者学习工作终身、覆盖劳动者职业生涯全程的职业技能培训制度。

（十四）促进职业技能等级认定结果与岗位使用有效衔接。建立评价与使用相结合的机制，评以适用、以用促评。用人单位结合用人需求，根据职业技能等级认定结果合理安排使用技能人才，实现职业技能等级认定结果与技能人才使用相衔接。实行聘期管理制度，健全日常和动态考核制度，在岗位聘用中实现人员能上能下。

（十五）建立与职业技能等级（岗位）序列相匹

配的岗位绩效工资制。推动《技能人才薪酬分配指引》落实落地，强化工资收入分配的技能价值激励导向。引导用人单位建立基于岗位价值、能力素质、业绩贡献的工资分配制度，将职业技能等级作为技能人才工资分配的重要参考，突出技能人才实际贡献，通过在工资结构中设置体现技术技能价值的工资单元，或根据职业技能等级设置单独的技能津贴等方式，合理确定技能人才工资水平，实现多劳者多得、技高者多得。

（十六）健全高技能人才激励机制。引导用人单位工资分配向高技能人才倾斜，高技能人才人均工资增幅不低于本单位相应层级专业技术人员和管理人员人均工资增幅。对优秀的高技能人才，可探索实行协议工资、项目工资、年薪制、专项特殊奖励、股权期权激励、技术创新成果入股、岗位分红等激励办法。对在聘的高级工、技师、高级技师在学习进修、岗位聘任、职务职级晋升、评优评奖、科研项目申报等方面，比照相应层级专业技术人员享受同等待遇。聘用到特级技师岗位的人员，比照正高级职称人员享受同等待遇。首席技师薪酬待遇可参照本单位高级管理人员标准确定或根据实际确定，不低于特级技师薪酬待遇。

机关事业单位工勤（工勤技能）人员的职业技能等级（岗位）设置和薪酬待遇按照有关规定执行。

五、加强服务监管

（十七）加强组织领导。健全完善职业技能等级制度关系广大技能人才的切身利益，涉及面广，政治性、政策性和技术性都非常强。各级人力资源社会保障部门要充分认识实施职业技能等级制度的重要意义，要从提升技能人才社会地位、巩固党的执政基础、实现人民共同富裕的高度，切实加强组织领导，统筹规划，周密部署，精心组织。要做好推动落实、服务保障、监督检查以及宣传引导等工作。

（十八）健全公共服务体系。按照全覆盖、可及性、便利性的要求，建立健全技能人才评价服务体系。做好评价机构备案服务，公布机构目录并实行动态调整。严格、规范证书（或电子证书）管理。建立完善信息化服务管理系统，面向社会提供技能人才评价机构和证书查询验证服务。加强跨区域职业技能等级认定结果互认，探索职业技能等级认定结果国际互认。

（十九）加强质量督导和监管。建立健全质量监管体系，实现事前事中事后全链条全领域监管。各地要按照属地管理原则，做好技能人才评价工作的综合管理。加强质量督导，采取“双随机、一公开”和“互联网+监管”等方式，加强对用人单位和社评组织及其评价活动的监督管理和指导。健全评价质量评估机制，及时向社会公开评估结果。用人单位和社评组织要落实评价质量管理主体责任，接受同行监督和社会监督。

附件：职业技能等级（岗位）要求

2022 年 3 月 18 日

附件

职业技能等级（岗位）要求

<table>
<tr><th>序号</th><th>级别名称</th><th>基本要求</th><th>实施机构</th></tr>
<tr><td>1</td><td>学徒工</td><td>能够基本完成本职业某一方面的主要工作</td><td>用人单位</td></tr>
<tr><td>2</td><td>初级工</td><td>能够运用基本技能独立完成本职业的常规工作</td><td rowspan="2">用人单位和社评组织</td></tr>
<tr><td>3</td><td>中级工</td><td>能够熟练运用基本技能独立完成本职业的常规工作；在特定情况下，能够运用专门技能完成技术较为复杂的工作；能够与他人合作</td></tr>
</table>

续表

<table>
<tr><th>序号</th><th>级别名称</th><th>基本要求</th><th>实施机构</th></tr>
<tr><td>4</td><td>高级工</td><td>能够熟练运用基本技能和专门技能完成本职业较为复杂的工作，包括完成部分非常规性的工作；能够独立处理工作中出现的问题；能够指导和培训初、中级工</td><td rowspan="3">用人单位和社评组织</td></tr>
<tr><td>5</td><td>技师</td><td>能够熟练运用专门技能和特殊技能完成本职业复杂的、非常规性的工作；掌握本职业的关键技术技能，能够独立处理和解决技术或工艺难题；在技术技能方面有创新；能够指导和培训初、中、高级工；具有一定的技术管理能力</td></tr>
<tr><td>6</td><td>高级技师</td><td>能够熟练运用专门技能和特殊技能在本职业的各个领域完成复杂的、非常规性工作；熟练掌握本职业的关键技术技能，能够独立处理和解决高难度的技术问题或工艺难题；在技术攻关和工艺革新方面有创新；能够组织开展技术改造、技术革新活动；能够组织开展系统的专业技术培训；具有技术管理能力</td></tr>
<tr><td>7</td><td>特级技师</td><td>在生产科研一线从事技术技能工作、业绩贡献突出的“企业高技能领军人才”。能够熟练运用专门技能和特殊技能在本职业的各个领域完成复杂的、非常规性工作；精通本职业及相关职业的重要理论原理及关键技术技能，能够独立处理和解决高难度的技术问题或工艺难题；承担传授技艺的任务，在技能人才梯队培养上作出突出贡献</td><td>省级及以上人力资源社会保障部门指导用人单位实施</td></tr>
</table>

续表

序号	级别名称	基本要求	实施机构
8	首席技师	在技术技能领域作出重大贡献，或在本地区、本行业企业具有公认的高超技能、精湛技艺的“地方或行业企业高技能领军人才”。为地方、行业企业高技能人才队伍建设作出突出贡献；为国家重大技术攻关、成果转化、技术创新、发明等作出突出贡献，在地方、行业企业的技术进步与发展中发挥关键作用，专业水平在地方、行业企业具有很高认可度和影响力	省级及以上人力资源社会保障部门、国务院有关行业主管部门指导用人单位实施

注：1. 行业企业可结合实际对上述要求进行修订完善。

2. 上述职业技能等级证书样式和编码按照有关规定确定。证书编码第16位为大写英文字母或阿拉伯数字，其中“X”表示“学徒工”，“T”表示“特级技师”，“S”表示“首席技师”，“5、4、3、2、1”分别表示“初级工、中级工、高级工、技师、高级技师”。

人力资源社会保障部办公厅关于开展特级技师评聘试点工作的通知

（人社厅发〔2021〕66号）

各省、自治区、直辖市及新疆生产建设兵团人力资源社会保障厅（局），国务院有关部门、有关中央企业人事劳动保障工作机构：

为加强高技能人才队伍建设，拓展技能人才职业发展通道，根据《中共中央办公厅　国务院办公厅印发〈关于提高技术工人待遇的意见〉的通知》和《人力资源社会保障部关于改革完善技能人才评价制度的意见》（人社部发〔2019〕90号）等有关文件精神，现就开展特级技师评聘试点工作有关事项通知如下：

一、总体要求

以习近平新时代中国特色社会主义思想为指导，

全面贯彻党的十九大和十九届二中、三中、四中、五中全会精神，认真落实习近平总书记对技能人才工作的重要指示精神，健全技能人才培养、使用、评价、激励制度，充分发挥高素质技术技能人才、能工巧匠、大国工匠在我国经济社会高质量发展中的重要作用，畅通技能人才职业发展通道，提高其社会地位和待遇水平，为健全完善职业技能等级制度奠定基础。

二、试点范围

（一）企业范围。经省级及以上人社部门备案开展职业技能等级认定的企业。其中，备案的中央企业分公司、子公司由中央企业统筹确定。

（二）职业（工种）范围。企业可选择与本企业专业技术人才实现职业发展贯通的工程技术类等职业（工种）先行试点。

三、岗位条件

特级技师是在高技能人才中设置的高级技术职务（岗位），应为企业生产科研一线从事技术技能工作并具备相应条件的优秀高技能人才。

（一）基本条件。

1. 模范遵守国家法律法规和企业规章制度，具备良好的职业道德和工匠精神，爱岗敬业、甘于奉献，公认度高；

2. 具有高级技师职业资格或职业技能等级，并在高级技师岗位工作满 5 年且仍从事本职业（工种）工作；

3. 职业技能水平高、业绩贡献突出并在某一生产工作领域具有独特先进的操作技术方法，或在开发应用先进科学技术成果并将其转化为现实生产力方面、在技术革新和技术改造中创造效益并作出突出贡献，或在带徒传技等方面业绩突出；

4. 具有适应工作岗位需要的身体条件。

（二）具备基本条件并符合下列条件之一者优先考虑：

1. 中华技能大奖获得者；

2. 享受国务院颁发的政府特殊津贴人员；

3. 全国技术能手；

4. 国家级技能大师工作室带头人或获得省部级、中央企业及以上技能大师类称号者。

四、评审办法

遵循客观、公正、科学、规范的原则，按照以下步骤组织开展评审工作。

（一）制定方案。企业按照本通知要求结合实际制定工作方案，明确评审职业（工种）范围、评审条件、评审方式、组织形式、时间安排等，并向全体职工公开。

（二）组织评审。对符合资格条件者，原则上由企业考评机构自主组织或委托行业组织评审，提出特级技师建议人选名单。

（三）公示核准。建议人选名单须在企业内进行公示，公示期不少于5个工作日。经公示无异议的，由企业确定特级技师人员名单并颁发证书。证书样式和编码分别按照附件1和附件2要求确定，证书编码中第16位为大写英文字母T。

（四）任职聘用。企业应与特级技师签订聘任协议，明确双方责任、权利、义务等。同时，企业按有关要求和程序，及时按规定上传特级技师数据信息，纳入全国职业技能等级证书查询系统。

五、相关政策

（一）企业应为特级技师设立技能大师工作室等工作平台，为其开展技术技能革新、工艺流程改进、解决重大技术难题等提供条件，充分发挥其在技术攻关、发明创造以及带徒传技等方面的作用。企业应根据实际，吸纳特级技师参与科研攻关、重大项目招投标技术评审等工作。

（二）聘用到特级技师岗位的人员，可比照本企业正高级职称人员享受相关待遇。可结合实际情况，按规定享受疗休养（休假）以及落户、购（租）住房、医疗保障、子女教育等方面的政策。

六、工作要求

（一）加强组织领导。请各地区、各有关部门和单位于9月底前将试点申请（含企业名单）报我部备案后组织开展试点，今年内完成试点工作。各地也可结合实际，选择本地龙头企业、大型企业等组织开展试点。试点企业所在地人社部门要加强统筹协调，认真组织实施，及时提供咨询、备案、数据信息管理等各项服务工作。

（二）健全评审制度。各地区、各有关部门要指导开展特级技师评审的企业，坚持以用为本，科学制定实施方案，合理确定结构比例，对评审标准、评审程序、评审办法和配套措施作出具体规定，精心组织实施，自觉接受本企业职工监督。

（三）确保评审质量。设立特级技师，不是高级技师的普遍晋升，要从严掌握，稳妥开展，确保质量。对本通知印发前已开展特级技师评审工作的，可按本通知有关要求进行复核确认。要切实发挥特级技师作用，落实相关待遇政策。

（四）加强监督管理。各地区、各有关部门和单位要加强对特级技师评审工作的监督管理，建立退出机制。对申请人或申报单位弄虚作假的，应取消其参加本年度评审资格，五年内不得申请或参与特级技师评审申报工作。

附件：1. 特级技师证书参考样式

2. 特级技师证书编码规则

2021 年 9 月 2 日

附件 1

特级技师证书参考样式

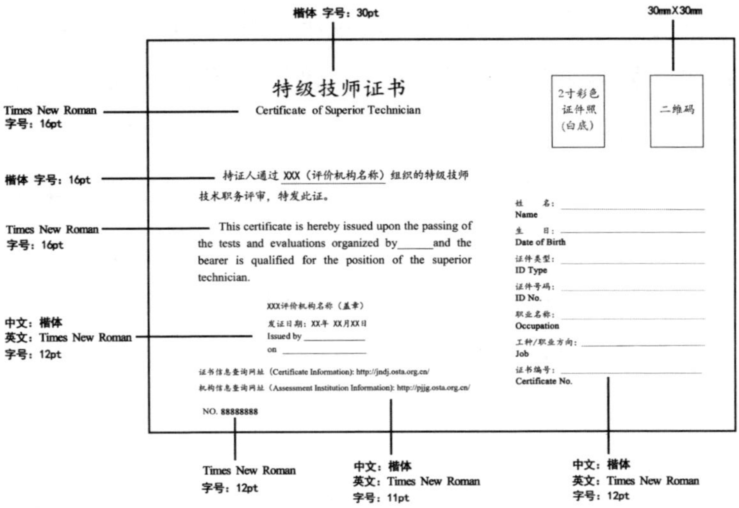

附件 2

特级技师证书编码规则

特级技师证书编码由 2 位大写英文字母和 20 位阿拉伯数字组成，主要包括 7 个部分：1. 评价机构类别代码；2. 评价机构代码；3. 评价机构（站点①）所在地省级代码；4. 评价机构（站点）序列码；5. 证书核发年份代码；6. 职业技能等级代码；7. 证书序列码。其中，第1-4部分由人力资源社会保障部门赋码，第5-7部分由评价机构赋码。具体表现形式见下表。

表　　证书编码构成

<table>
<tr><td>序号</td><td>1</td><td>2</td><td>3</td><td>4</td><td>5</td><td>6</td><td>7</td><td>8</td><td>9</td><td>10</td><td>11</td><td>12</td><td>13</td><td>14</td><td>15</td><td>16</td><td>17</td><td>18</td><td>19</td><td>20</td><td>21</td><td>22</td></tr>
<tr><td>说明</td><td>评价机构类别代码</td><td colspan="4">评价机构代码</td><td colspan="2">评价机构（站点）所在地省级代码</td><td colspan="6">评价机构（站点）序列码</td><td colspan="2">证书核发年份代码</td><td>职业技能等级代码“T”</td><td colspan="6">证书序列码</td></tr>
<tr><td>来源</td><td colspan="13">人力资源社会保障部门确定</td><td colspan="9">评价机构确定</td></tr>
</table>

① 注：指在人力资源社会保障部备案的中央企业子公司、分公司和社会培训评价组织的考核站点。

新闻宣传

人力资源社会保障部有关负责同志就《关于健全完善新时代技能人才职业技能等级制度的意见（试行）》答记者问

（2022 年 4 月 27 日）

近日，《人力资源社会保障部关于健全完善新时代技能人才职业技能等级制度的意见（试行）》（以下简称《意见》）出台，记者就有关问题采访了人社部有关负责同志。

问：《意见》出台的背景是什么？

答：2013 年以来，按照党中央、国务院部署要求，人力资源社会保障部推进职业资格“放管服”改革，经报国务院同意，分七批取消70%以上职业资格许可和认定事项，建立国家职业资格目录，实行清单式管理。同时，由通过全社会公开遴选的用人单位和社会培训评价组织实施职业技能等级认定，目前主要分初级工、中级工、高级工、技师和高级技师五个等级。但是，由于技能等级（岗位）设置不健全，技能人才职业发展在纵向晋升上存在“天花板”问题，以及职业技能水平与使用待遇不能有效结合等问题，技能人员的地位和待遇水平不高，吸引力不强，技能人才特别是高技能人才缺乏，不能适应经济社会高质量发展需要和技能人才工作实际要求。近年来，高技能人才与专业技术人才虽已实现职业发展贯通，却难以有效引导广大技能人才立足本职、扎根岗位、实现岗位成长成才。为此，亟需健全完善技能人才职业技能等级制度。

问：《意见》包括哪些内容？

答：《意见》主要包括五部分。

第一部分，总体要求。由指导思想、基本原则、目标任务组成。《意见》要求，畅通技能人才职业发展通道，提高其待遇水平，增强其荣誉感获得感幸福感，吸引更多劳动者走技能成才、技能报国之路，缓解技能人才短缺问题，充分发挥技能人才在经济社会高质量发展中的重要作用，为全面建设社会主义现代化国家提供有力的人才和技能支撑。同时要求，坚持能力为本、科学评价、效果导向、岗位使用的原则，营造有利于技能人才成长和发挥作用的制度环境。“十四五”期末，在以技能人员为主体的规模以上企业和其他用人单位（以下简称用人单位）中，全面推行职业技能等级认定，普遍建立与国家职业资格制度相衔接、与终身职业技能培训制度相适应，并与使用相结合、与待遇相匹配的新时代技能人才职业技能等级制度。

第二部分，健全职业技能等级制度体系。《意见》提出，全面推行职业技能等级制度，健全技能岗位等级设置，完善职业标准体系，促进职业发展贯通。明确实行技能人才职业技能等级制度，由用人单位和社会培训评价组织按照有关规定实施职业技能等级认定，使有技能等级晋升需求的人员均有机会得到技能评价。

第三部分，完善职业技能等级认定机制。《意见》提出，实行分类考核评价，采取不同考核评价方式，支持用人单位自主开展职业技能等级认定，推行社会化职业技能等级认定，指导技工院校全面开展职业技能等级认定。同时指出，首席技师、特级技师是在高技能人才中设置的高级技术职务（岗位），一般应在有高级技师的职业（工种）领域中设立，通过评聘的方式进行，实行岗位聘任制。

第四部分，促进职业技能等级认定结果与培养使用待遇相结合。《意见》强调，充分发挥技能评价对提高培养培训质量的导向作用，促进职业技能等级认定结果与岗位使用有效衔接，建立与职业技能等级（岗位）序列相匹配的岗位绩效工资制，健全高技能人才激励机制。

第五部分，加强服务监管。《意见》要求，加强组织领导，做好推动落实、服务保障、监督检查以及宣传引导等工作。健全公共服务体系，做好评价机构备案服务，公布机构目录并实行动态调整。加强质量督导和监管，健全评价质量评估机制，及时向社会公开评估结果。

问：《意见》有哪些政策亮点和创新点？

答：一是健全技能岗位等级设置，畅通技能人才职业发展通道。《意见》提出，企业根据技术技能发展水平等情况，结合实际，在现有职业技能等级设置的基础上适当增加或调整技能等级。对设有高级技师的职业（工种），可在其上增设特级技师和首席技师技术职务（岗位），在初级工之下补设学徒工，形成由学徒工、初级工、中级工、高级工、技师、高级技师、特级技师、首席技师构成的职业技能等级（岗位）序列。行业企业根据自身特点，考虑历史沿用、约定俗成等因素，对上述技能等级名称可使用不同称谓，并明确其与相应技能等级的对应关系。

二是完善职业技能等级制度内涵。《意见》强调，建立与国家职业资格制度相衔接、与终身职业技能培训制度相适应，并与使用相结合、与待遇相匹配的新时代技能人才职业技能等级制度。这表明职业技能等级制度不仅是技能人才评价制度，更是兼顾培训、使用、待遇等在内的技能人才制度。

三是建立与职业技能等级（岗位）序列相匹配的岗位绩效工资制。目前实施的由初级工、中级工、高级工、技师和高级技师五个等级构成的技能评价，其评价结果与工资薪酬联系不够紧密，也就是说，技能水平在工资薪酬中未能得到很好的体现和反映。而此次出台的《意见》要求，建立与职业技能等级（岗位）序列相匹配的岗位绩效工资制，强化工资收入分配的技能价值激励导向。引导用人单位建立基于岗位价值、能力素质、业绩贡献的工资分配制度，将职业技能等级作为技能人才工资分配的重要参考，突出技能人才实际贡献，通过在工资结构中设置体现技术技能价值的工资单元，或根据职业技能等级设置单独的技能津贴等方式，合理确定技能人才工资水平，实现多劳者多得、技高者多得。

问：此次增设的学徒工、特级技师和首席技师职业技能等级（岗位）具体有什么要求，其考核评聘工作如何开展？

答：《意见》指出，学徒工的转正定级考核，由用人单位在其跟随师傅学习期满和试用期满后，依据本单位有关要求进行。参加中国特色企业新型学徒制的学员按照培养目标进行考核定级。

《意见》强调，要稳妥有序开展特级技师、首席技师评聘工作，不搞高级技师普遍晋升。特级技师评聘工作要在工程技术领域先行试点的基础上逐步扩大范围，由省级及以上人力资源社会保障部门指导用人单位制定实施方案，对评审标准、程序、办法和配套措施等作出具体规定。用人单位按照制定方案、组织评审、公示核准、任职聘用等程序组织实施。首席技师原则上从特级技师中产生。首席技师是在技术技能领域作出重大贡献，或在本地区、本行业企业公认具有高超技能、精湛技艺的高技能人才。首席技师评聘工作要在特级技师评聘的基础上先行试点、逐步推开，由省级及以上人力资源社会保障部门、国务院有关行业主管部门指导用人单位实施，采取基层推荐、地方或行业评审、公示核准、用人单位聘任等程序进行。

我国探索建立“新八级工”制度

（姜琳，新华网，2022 年 1 月 31 日）

近日，记者从人力资源和社会保障部获悉，我国正在为技能人才探索建立“新八级”职业技能等级制度，即由低到高，在学徒工、初级工、中级工、高级工、技师、高级技师、特级技师的基础上，再增设首席技师。

20 世纪 50 年代，我国“八级工”在许多人心中曾是“神一般”的存在，不仅收入可观，而且受到社会普遍尊重。此次构建“新八级工”，是为进一步改善技能人才职业前景、激励更多劳动者依靠技能成长成才。

“首席技师是来自基层的一个创新，我们目前正在总结经验。如果可能的话，会构建一个更为畅通的技能人才职业发展通道。”人社部职业能力建设司司长刘康说。

据他介绍，近年来我国技术工人的职业发展评价一直是五级，即初级工、中级工、高级工、技师和高级技师。2021年，企业新型学徒制在全国推广，这就产生了初级工之前的学徒工。此后人社部又推出了特级技师试点，效果非常好。

“建立‘新八级工’制度有助于打破技能工人成长的‘天花板’‘隐形门’。”刘康表示，“一方面是拓展纵向发展通道，有的人30岁、40岁已经是高级技师，他的职业还需要进一步提升、往更高层级发展；另一方面是扩大横向发展空间，接下来将为技能人才在待遇水平、激励保障上推出一些新举措。”

好消息："新八级工"来了！

（央视财经，2022 年 2 月 1 日）

国新办 1 月 7 日举行国务院政策例行吹风会，介绍《"十四五"职业技能培训规划》（以下简称《规划》）有关情况。

记者从人力资源和社会保障部获悉，我国正在为技能人才探索建立"新八级"职业技能等级制度，即由低到高，在学徒工、初级工、中级工、高级工、技师、高级技师、特级技师的基础上，再增设首席技师。

技术工人的职业发展评价目前是五级，即初级工、中级工、高级工、技师、高级技师。发展存在"天花板"和"隐形门"。

人力资源和社会保障部副部长汤涛：目前我们正在总结。除了我刚才说到的学徒工、初级工、中级工、高级工，然后往上升是技师、高级技师，现在有一个特级技师，这就是七级了。目前我们也在关注基层有一个创新，叫作首席技师，目前正在总结基层经验，如果可能的话，会构建一个技能人才更为畅通的发展通道。

此外，在健全完善终身职业技能培训体系方面，《规划》提出要从“三年行动”转化为“五年规划”，大力开展以企业职工为重点的就业群体职业培训；在提升培训的供给能力方面，《规划》鼓励更多的培训机构、职业院校，包括企业，能够参与其中。

此外，在技能人才的评价体系、待遇水平、表彰激励等方面，《规划》都进一步明确了方向，提高了标准。

人力资源和社会保障部职业能力建设司司长刘康：我们现在还在推动中国特色企业新型学徒制，这种新型学徒制就是通过校企合作、工学交替等方式，同时对开展学徒培训的企业给予相应的职业培训补贴，推动后备技能人才的成长。

“新八级工”畅通技工成长通道

（孔德晨，《人民日报海外版》，2022 年 5 月 19 日）

近日，《人力资源社会保障部关于健全完善新时代技能人才职业技能等级制度的意见（试行）》（以下简称《意见》）出台，将此前的“五级”技能等级延伸和发展为“八级”技能等级，形成由学徒工、初级工、中级工、高级工、技师、高级技师、特级技师、首席技师构成的“新八级工”职业技能等级序列，进一步畅通技能人才成长通道。

“新八级工”将对中国技能人才发展产生怎样的影响？记者进行了采访。

从“老八级工”到“新八级工”

“新八级工”是什么？想了解这个概念，要从“老八级工”制度讲起。

新中国成立初期设立的“八级工”制度，按照国家工资制度改革要求，从一级到八级将技能等级和工资水平相对应，曾在激发工人积极性、确保按劳分配等方面发挥了重要作用。在那时，“八级工”是顶级工匠代名词，备受尊敬。

改革开放后，企业职工工资更多地通过绩效来体现，与技能等级关联度不再紧密。同时，国家对工人进行大规模技能培训，考虑到当时八级工的区分度并不明显，因此压缩为初、中、高三个等级。

20 世纪 80 年代末，随着产业水平提升，国家又在三级基础上增加技师和高级技师，变成了现行的技术工人五级标准。

如今，即将实施的“新八级工”制度完善了现行五级技能等级认定，在初级工、中级工、高级工、技师和高级技师五级职业技能等级之下补设“学徒工”，之上增设“特级技师”和“首席技师”，并建立与等级序列相匹配的岗位绩效工资制。

新老“八级工”有什么不同？

人力资源和社会保障部职业能力建设司副司长刘新昌介绍，以前的“八级工”是一种薪资等级制度，技能水平与工资待遇相一致，严格按技术等级标准进行考工定级，但在后续执行过程中出现了企业制定的技术等级与工资等级不对应的问题。而此次发布的“新八级工”制度则能更好地促进职业技能等级认定结果与培养使用待遇相结合。

“在聘的高级工、技师、高级技师，在学习进修、岗位聘任、职务职级晋升、评优评奖、科研项目申报等方面，都将比照相应层级专业技术人员享受同等待遇，聘用到特级技师岗位的人员，比照正高级职称人员，享受同等待遇。而首席技师薪酬待遇，可参照本单位高级管理人员标准或根据实际确定，但不得低于特级技师薪酬待遇。”刘新昌说。

中国劳动和社会保障科学研究院研究员童天表示，增设特级技师、首席技师，是顺应产业技术变革和技能人才队伍转型升级的现实需求而及时作出的制度调整；补设学徒工，则是旨在消除劳动者职业通道中的“空档”“断档”，是对现行制度的重要调整和必要补充。“无论是增设‘首席技师’‘特级技师’，还是补设‘学徒工’，都是进一步提升企业人才选用效率、完善技能劳动者职业发展通道，以及推动职业教育与生产实践‘无缝衔接’的有效手段，能够让技能人才评价制度在企业人才开发和劳动者职业生涯发展过程中更加充分地发挥导向性功能。”童天说。

实现“技高者多得”

“从国家层面对技能等级的拓展和调整，往往与经济社会的发展紧密相连。”中国劳动学会特约研究员苏海南对记者表示。中国技能劳动者已超过2亿，其中高技能人才超过6 000万。但从中国就业和经济发展需求来看，现有技能人才的总量仍然缺乏。这背后，存在着“重学历、轻技能”观念尚未改变、技能人才培养政策没有全面落地等问题。“此外，技能人才职业发展在纵向晋升上存在‘天花板’，职业技能水平与使用待遇不能有效结合，使得技能水平在工资薪酬分配中得不到很好体现。这些都不适应当前高质量发展对技能人才的需要。”苏海南说。

“《意见》通过创新改革职业技能等级制度，体现了几个亮点。”人力资源和社会保障部职业能力建设司司长刘康说。

——完善职业技能等级制度内涵。建立与国家职业资格制度相衔接、与终身职业技能培训制度相适应，并与使用相结合、与待遇相匹配的新时代技能人才职业技能等级制度。“这表明新时代技能人才职业技能等级制度不仅是技能人才评价制度，更是兼顾培训、使用、待遇等在内的技能人才制度。”刘康说。

——建立与职业技能等级（岗位）序列相匹配的岗位绩效工资制，强化工资收入分配的技能价值激励导向。《意见》明确，引导用人单位建立基于岗位价值、能力素质、业绩贡献的工资分配制度，将职业技能等级作为技能人才工资分配的重要参考，突出技能人才实际贡献，通过在工资结构中设置体现技术技能价值的工资单元，或根据职业技能等级设置单独的技能津贴等方式，合理确定技能人才工资水平，实现多劳者多得、技高者多得。

“新八级工”制度的出台，让技术工人兴奋不已。

“期待能够更新一下我技能证书上的等级！”中国建筑旗下中建五局总承包公司项目质量总监邹彬告诉记者，“新八级工”制度让他所在的砌筑行业技能认定有了新台阶。“如果能获评特级技师甚至是首席技师，对我们砌筑行业技能工人来说将是极大利好。”邹彬认为，这不仅有助于引导广大劳动者更加重视自身技能水平的提升，进一步增强参与职业教育和技能培训的意愿，对职业院校学生和像他这样的广大技能人才而言，也是更明确的发展通道，激励他们进一步发扬工匠精神。

“技术工人更有奔头了”

“新八级工”制度如何落地？

刘新昌介绍，人社部将指导各地各行业企业稳妥有序地推动政策落实落地，尤其在特级技师和首席技师的瓶颈中，要严格标准、条件和程序，不搞高级技师普遍晋升。对于特级技师评聘工作也要在工程技术领域先行试点的基础上，逐步扩大范围，首席技师则原则上从特级技师中产生，在特级技师评聘的基础上，先行试点，逐步推开。

畅通技能工人发展新通道，不少地方已提前行动。在河南省，早在 2021 年就已开展技能人才特级技师评价试点，截至目前已评价出特级技师 100 多人，在各自岗位上发挥着技术能手“领头羊”的作用。在江苏省，经试点企业遴选推荐、现场评审、社会公示，首批 29 位特级技师已于近日正式出炉，这些特级技师全部来自生产、科研和技术攻关一线。

周士皆就是江苏首批特级技师中的一员。他在连云港港口股份有限公司东方港务分公司马腰作业区门机队任电气检验员。“本来以为高级技师是我们工人技能等级的‘天花板’，现在有了更高通道，很多工人特别是像我这种工作了几十年的技术工人更有奔头了。”周世皆难掩激动。

“新八级工”进一步畅通了技术工人成长通道，一线劳动者拍手叫好。横向看，“新八级工”与其他劳动序列如何衔接？

“‘新八级工’制度的高点如何与其他职业人员发展通道的高点合理平衡，的确是需要明确的问题。”苏海南表示，技能类资历序列与技术类、教育类资历序列之间目前还缺乏横向衔接、难以互认，这限制了技能劳动者终身职业技能提升和学历提升，阻碍人力资源的合理流动、高效配置。“另外，在实施落地的过程中，还应加大技能培训力度，做好后续人才培养供给。除了工资保障外，还应探索建立落户、购（租）住房等优惠政策机制，让技能人才看到实实在在的利好。”苏海南说。

以“新八级工”制度激发高技能人才的明星效应

（罗娟，《工人日报》，2022年5月19日）

据5月16日《工人日报》报道，近日，人社部制定出台《关于健全完善新时代技能人才职业技能等级制度的意见（试行）》，将原有的五级技能等级延伸为八级，形成由学徒工、初级工、中级工、高级工、技师、高级技师、特级技师、首席技师构成的“新八级工”职业技能等级序列，并建立与技能等级序列相匹配的岗位绩效工资制。

2022年全国“两会”期间，一则倡议年轻人“多进工厂、少送外卖”的建议冲上热搜，折射出制造业面临技术工人短缺的焦虑。其背后的主要原因涉及技能人才上升空间不足、成长路径单一、职业发展受限、社会认同度较低、工资待遇不高等，导致技工院校招生难、企业技工荒、技术工人流失率居高不下等。在这一背景下，出台“新八级工”制度是为了畅通技能人才发展通道，提高其待遇水平，优化其成长环境，引领更多年轻人把职业选择的目光投向高技能工人。

推动人才成长，人才评价是“指挥棒”。技能等级的分级则是激励机制如何与时代同行的问题。新中国建立之初，伴随工资等级体系建立起来的“八级工”技能等级制度，曾经影响了几代技术工人的成长。八级工象征着技术过硬、收入高、地位高，曾是影响几代年轻人职业选择的时代偶像。后来，该制度被“五级工”技能等级制度取代。

眼下，数字技术等新兴技术的发展与应用，使得生产一线的运行和组织正在发生深刻变化，生产线的系统集成、现场管理、设备运维等新技能要求应运而生。譬如高级技师不仅要能解决现场技术难题，更要回应客户需要而有所创新等。因此，在原有技能等级的基础上，在高级技师之上设立特级技师、首席技师，正是这种生产方式变革的需要。与此同时，企业参与职业教育和培训的程度逐步加深，需要为学生实习和就业提供更加有效的技能评价，设立学徒工的技能等级也是迫切需求。

“新八级工”制度出台体现的是技能评价的时代进步，即技能等级评定从早期八级工时期偏重工资分配的结果导向，向注重能力、配置与待遇相结合的综合方向转化，这反映了不同时代对技能人才要求的变化。

对于个人来说，“新八级工”制度将打破技能人才职业发展“天花板”。一方面，技能等级链条更长、更完善，更客观地反映技能人才的等级水平，为其职业发展打开更广阔空间；另一方面，建立与技能等级序列相匹配的岗位绩效工资制，实现多劳者多得、技高者多得，也将让技能人才更有获得感、幸福感。畅通道、提待遇，既给技术工人实打实的红利，更给年轻人一种职业选择的引领——走进工厂、沉在一线，只要干一行、爱一行、钻一行，同样大有前途。

技术工人队伍是支撑中国制造、中国创造的重要力量。对于社会和国家而言，“新八级工”制度有望带来一种重视技能人才的导向和风气。打破技能人才职业发展的“天花板”，延伸技能人才的职业发展通道，健全技能人才的职业发展途径，有利于形成人人皆可成才的社会氛围，推动知识型、技能型、创新型的劳动者队伍不断壮大。

从这个角度来说，“新八级工”制度和此前新修订实施的《职业教育法》、人社部出台的《技能人才薪酬分配指引》等一揽子举措的深层用意一样，通过完善和落实技术工人培养、使用、评价、考核机制，畅通工人成才发展通道，让技能工人更有获得感，鼓励更多年轻人进工厂，争当高技能工人。

眼下，需要将“新八级工”制度和《技能人才薪酬分配指引》等相关政策紧密联系，引导企业完善落实技能人才薪酬制度等，推动“新八级工”制度落实落地，真正为技能人才成长铺就一条坦途。

新中国建立初期的八级工是有着明星效应的工人群体。推动“新八级工”制度等一揽子鼓励技能人才成长的制度落地，充分释放高技能人才的明星效应，必将推动更多年轻人走技能成才、技能报国之路，为推动高质量发展夯实人才基础。

吸引更多年轻人提高技能

（李心萍，《人民日报》，2022 年 5 月 16 日）

日前，《人力资源社会保障部关于健全完善新时代技能人才职业技能等级制度的意见（试行）》（以下简称《意见》）出台，宣布将原有的“五级”技能等级延伸和发展为新“八级工”制度。

新“八级工”，即在初级工、中级工、高级工、技师和高级技师之下补设学徒工，之上增设特级技师和首席技师。新“八级工”与 20 世纪 50 年代的“八级工”制度有何区别？为何要出台新“八级工”？新制度将如何实施？记者采访了人社部有关负责人和业内专家。

新老“八级工”有何区别

我国的技能人才评价体系，始于 20 世纪 50 年代的“八级工”制度。1956 年，我国确立了老“八级工”制度。“老‘八级工’制度其实是一种薪资等级制度，从一级到八级将技能等级和工资水平一一对应。”中国职业技术教育学会副会长陈李翔说，老“八级工”曾在调动技术工人工作积极性、增强技术工人社会荣誉感、造就一批高技能人才等方面发挥了重要作用。

此次出台的新“八级工”与老“八级工”有何区别？受访专家强调，新“八级工”制度并非老“八级工”的简单翻版。

“新‘八级工’制度下，技能等级不再是工资标准的附属物，而是独立衡量工人技术能力的标尺。”中国人事科学研究院研究员范巍说，新“八级工”更多是客观反映技能人才的技能等级水平和职务岗位，并与薪酬激励、福利待遇、职业发展等相联系。

陈李翔表示，新老“八级工”形似而神不似，新“八级工”是适应高质量发展需要，重构新的职业技能等级体系，以加强新时代技能人才队伍建设。具体而言，《意见》明确提出，将促进职业技能等级认定结果与岗位使用有效衔接。《意见》鼓励用人单位结合用人需求，根据职业技能等级认定结果合理安排使用技能人才，实行聘期管理制度，在岗位聘用中实现人员能上能下。

在岗位绩效方面，《意见》的提法是，建立与职业技能等级（岗位）序列相匹配的岗位绩效工资制。通过在工资结构中设置体现技术技能价值的工资单元，或根据职业技能等级设置单独的技能津贴等方式，合理确定技能人才工资水平，实现多劳者多得、技高者多得。

为何要实施新制度

为何要实施新“八级工”制度？

据介绍，改革开放后，随着劳动人事制度改革和社会主义市场经济体制的建立，产业工人的技术等级对工资结构的影响逐步弱化。由于“八级工”的区分度并不明显，20 世纪 80 年代，“八级工”制度简化为初、中、高三级，后又增加确立了技师、高级技师两级技术职务。

人社部职业能力建设司司长刘康表示，现行五级技能等级认定在推动技能人才工作中起到了重要的基础作用。但这一等级设置仍不健全，技能人才的发展晋升存在“天花板”问题。同时，评价结果与工资薪酬联系不够紧密，使得技能水平在工资薪酬中得不到很好体现。

与此同时，社会对技能人才的需求越来越大。截至 2020 年底，全国技能人才总量超过 2 亿人，其中高技能人才总量已超过 6 000 万人。但从我国就业和经济发展需求来看，现有技能人才的总量仍然缺乏。特别是近年来，随着我国发展质量效率不断提高，经济结构不断调整，产业结构持续转型升级，对于高技能人才的需求日益旺盛。

为吸引更多劳动者走技能成才、技能报国之路，从而缓解技能人才短缺问题，需要营造有利于技能人才成长和发挥作用的制度环境。“在此背景下，出台新‘八级工’制度是为了畅通技能人才发展通道，提高其待遇水平，优化技能人才成长环境。”刘康说。

陈李翔表示，一个人长期工作于某个岗位，如没有晋升和发展通道，则很难保持可持续的工作热情。新“八级工”制度使有技能等级晋升需求的人员均有机会得到技能评价，有利于实现多劳者多得、技高者多得。

例如，一些工匠人才在 30 岁出头的年纪，成为高级技师后就遇到了成长“天花板”。“‘五级’变‘八级’，加高的成长台阶将激励他们不断向上发展。”陈李翔说。

同时，新“八级工”制度与职业发展贯通的相关政策相互作用，将大大拓展技能人才的成长空间。范巍举例介绍，此前人社部出台了《技能人才薪酬分配指引》，新“八级工”制度的出台有利于推动《技能人才薪酬分配指引》落实落地，强化工资收入分配的技能价值激励导向。

新制度如何落地

下一步，如何让新“八级工”制度落到实处呢？刘康介绍，将主要从完善职业标准体系、实行分类考核评价等方面入手，让新“八级工”制度发挥实际作用。

完善职业标准体系。刘康介绍，将建立健全由职业标准、评价规范、专项职业能力考核规范等构成的多层次、相互衔接、国际可比的职业标准体系，以满足技能评价的需求。

实行分类考核评价。《意见》明确，用人单位和社评组织要根据不同类型技能人才的工作特点，实行分类评价。对技术技能型人才，突出实际操作能力和解决关键生产技术难题等要求；对知识技能型人才，突出掌握运用理论知识指导生产实践、创造性开展工作等要求；对复合技能型人才，突出掌握多项技能、从事多工种多岗位复杂工作等要求。

具体而言，学徒工的转正定级考核，由用人单位在其跟随师傅学习期满和试用期满后，依据本单位有关要求进行。参加中国特色企业新型学徒制的学员按照培养目标进行考核定级。

初级工、中级工、高级工、技师、高级技师等级考核是技能考核评价的主体，由用人单位和社会培训评价组织按照职业标准和有关规定进行，鼓励支持采取以赛代评方式。首席技师、特级技师一般应在有高级技师的职业（工种）领域中设立，通过评聘的方式进行，实行岗位聘任制。特级技师评聘工作要在工程技术领域先行试点的基础上逐步扩大范围，首席技师原则上从特级技师中产生。

“接下来，将稳妥有序开展特级技师、首席技师评聘工作，不搞高级技师普遍晋升。”刘康强调。

健全高技能人才激励机制。山东劳动技师学院原党委书记崔秋立介绍，《意见》进一步明确，聘用到特级技师岗位上的人员，比照正高级职称人员享受同等待遇；首席技师薪酬待遇可参照高管确定，从而使技能人才的待遇有了一个基准线和参照系。

“下一步，我们将指导各地各行业企业稳妥有序推动政策落实落地。”刘康说，未来将不断推动改善技能人才职业前景，吸引更多劳动者加入技能人才队伍。

专家解读

重构职业技能等级制度是新时代技能人才队伍建设的必然要求

（陈李翔，《中国组织人事报》，2022 年 5 月 6 日）

技能人才的主体是生产和服务一线的技术工人，是工业社会生产力的基础力量，其技能水平直接决定了社会供给能力的高低。提升技能人才能力水平，是推动经济高质量发展的关键。建立和完善技能人才职业技能等级体系，有利于完善技能人才培养、使用、评价、激励制度，对促进技能人才队伍建设具有重要的基础性作用。日前，人力资源和社会保障部发布《关于健全完善新时代技能人才职业技能等级制度的意见（试行）》，将原有的“五级”技能等级延伸和发展为“八级”技能等级。

技能等级应该分为几级，这是一个具有时代性的问题。建国之初，伴随工资等级体系建立起来的“八级”技能等级制度，曾经影响了几代技术工人的成长。“八级工”也曾经是几代青年人的不懈追求，其中浸润的“工匠精神”至今仍散发着令人神往的光芒。20世纪八九十年代，随着劳动人事制度改革和社会主义市场经济体制的建立，产业工人的技术等级对工资结构的影响逐步弱化，为推动技术工人评价的社会化和劳动力市场流动的便捷性，我们借鉴国际劳工组织（ILO）的标准，建立起技术工人的初、中、高三级技能等级结构，并在高级工之上设立技师、高级技师技术职务。随着国有企业改革的逐步深化和劳动力市场的逐步完善，加之技术变革特别是数字技术的广泛应用，产业对高技能人才的需求日益强劲，技师、高级技师的等级化趋向日益明显，从而形成初级工、中级工、高级工、技师、高级技师“五级”技能等级体系，一直沿用至今。

确立统一的技能等级体系是一个比较复杂的过程，

既与工作现场的技术应用水平密切相关，又与劳动者受教育程度、劳动人事管理制度以及经济社会发展水平直接相联。我国早期的“八级”技能等级，主要是考量技术应用的复杂程度，并采用应知应会和工作实例的方式进行表达。这与当时生产一线的技术工人普遍受教育程度较低有关。改革开放后，工作现场呈现出技术和工艺的多样性特征，逐步发展起来的“五级”技能等级，则向工作绩效描述的方向深化，强调完成工作任务的范围和程度，并通过国家职业技能标准以职业功能、工作任务、技能要求和相关知识的方式表达不同技能等级的工作要求。

随着技术变革的加快，加之社会机制和国际关系等发展环境的改变，新时代的经济和社会发展出现新的特征，人力资源市场对技能人才的需求也呈现出不同的特征。在技能人才队伍建设与发展的过程中，我们应当看到：社会成员受教育程度普遍提高，职业教育和职业培训发展迅速，劳动者获取工作所需知识的途径更加便捷；数字技术等新兴技术应用越来越广泛，技术融合性创新更加普遍，技能替代和技能更新对工作能力的影响更加深刻；就业环境更加多样，就业机会更加丰富，劳动者职业生涯发展中转岗转业的可能性持续增长，人力资源流动（包括纵向流动和横向流动）更加频繁。尽管工作中所应用的技术复杂程度仍然是决定工作者能力高低的重要因素。但新时代人力资源的这些特征，使得工作现场的用人要求越来越具有综合性，而不仅仅是技术的应用。总体来看，技能人才的职业技能等级所代表的能力趋向开始向综合职业能力的方向发展。人力资源和社会保障部适应这种变化的潮流，适时提出将原有的“五级”技能等级结构发展为“八级”技能等级结构。需要注意的是，这不是原“八级”的翻版，而是适应变化的技术世界和工作世界，重构新的技能人才职业技能等级体系，以加强新时代知识型、创新型技术技能人才队伍的建设，为实现新的百年目标奠定人才和技能基础。

一般而言，确定一个经济体的劳动者职业技能等级体系，通常需要考虑劳动者的工作范围、能力要求、工作责任和资源支配权限等基本维度。目前，从工作范围来看，知识、技术的应用范围更加广泛，工作对象常常具有多样性，比如操作不同性能的机械加工设备、负责整个生产线的设备运营、负责项目整体的设计运营和评估等。常规的、基于单一工位对象的工作描述已经难以反映工作现场的实际情况；同时，工作过程中，不仅需要面对技术设备和专业工具，还需要面对客户要求、工作成本、环境影响等诸多关联因素。因此，需要采用更加具有综合性的描述方式来反映工作的实况，基于工作过程的情境式描述目前在教育和培训、招聘和用人中得到了广泛运用。

工作范围的扩大、融合和延伸，导致了工作现场对劳动者工作能力要求的改变。通常初级工、中级工仍然是从事单一岗位的具体工作，这些工作可以定义为一个具体的岗位，并通过完成程序性工作而达成工作目标。但与以往不同的是，他们需要参与团队工作，并需要兼顾客户需求。他们不再仅仅按照指令工作，必须对团队和客户负责，沟通和协同已经成为其必备的能力要求。而高级工以上的技工，则不仅要求在部件加工上拥有更强的技能，还必须能利用技术发展规律，组织团队解决复杂性问题、胜任系统性工作，创造性地满足客户要求，如改善生产和服务的工艺过程、有效地减少生产成本，并提升产品技术等。而技师、高级技师更不只创造技术上的“天花板”，更需要解决开放性和具有设计性的问题，在更不确定性的环境里和更广泛的条件下组织技术创新，如组织技术革新等。

数字技术等新兴技术的发展与应用，使得生产一线的运行和组织正在发生深刻的变化。供应、生产和销售网络化、平台化，生产和服务组织横向整合，产品和服务定制化，智能产线和设备应用产生劳动力的技能替代等。这些改变正在更加深刻地影响着工作现场对劳动者工作能力的要求。在数字生产方式和绿色生产方式的交互影响下，生产线的系统集成、现场管理、设备运维等新技能要求应运而生。原有的职业技能等级已经难以涵盖这些增长的新技能。因此，需要在原有技能等级的基础上向上延伸，高级技师之上设立特级技师、首席技师，正是这种生产方式变革的产物。

与此同时，在职业教育持续高速发展的过程中，产教融合、校企合作的办学模式得到了广泛认同，生产服务一线的劳动力供给方式已经发生根本性变化，企业参与职业教育和培训的程度逐步加深。在这种背景下，需要为各类教育培训机构的学生实习和就业提供更加有效的技能评价方式，为实施中国特色的学徒培训奠定制度基础。因此，在初级工之下，设立学徒工的技能等级势在必行。

重构职业技能等级制度，有利于形成人人皆可成才的社会氛围，对于鼓励青年人投身社会实践，成就技能成才和技能报国的理想，具有重要的现实意义。健全技能人才的职业发展途径，有利于促进职业教育高质量发展；打破技能人才职业发展的“天花板”，是解决当前技能人才薪酬待遇瓶颈的必然要求；延伸技能人才的职业发展通道，有利于技能人才与技术人才的横向贯通。

当然，顺利实施新的“八级”职业技能等级制度的关键，还在于如何使之与人力资源开发政策及相应管理制度有效衔接。因此，需要加快相关基础工作的建设与完善，确保新的“八级”职业技能等级制度的平滑落地。一是健全职业分类和完善职业标准的制度规范。要关注新职业的发展和原有职业的变化，重视技能复合型和技术融合型职业在分类中的地位；要进一步理解工作现场对从业者能力要求的变化，重视数字技能、绿色技能和复合技能对于工作的价值，按照“八级”职业技能等级结构重构《国家职业技能标准编制技术规程》。二是完善技能人才的评价体系。在重视企业自主评价的基础上，健全社会化评价方式。学徒工、特级技师、首席技师等新发展出来的技能等级，由于其能力要求和能力表现与实际工作具有特别紧密的联系，需要通过企业评价先行试点，探索出行之有效的评价方式。三是将“八级”职业技能等级结构与《技能人才薪酬分配指引》建立紧密联系，指导企业运用新的等级结构完善技能人才的薪酬制度。四是梳理原有技能等级结构与就业服务、教育培训、劳动力管理和社会保险等相关政策与制度的关联性，并配合“八级”加以调整、补充和完善。

新“八级工”制助推制造强国

（童天，《瞭望》，2022 年第 22 期）

人才乃治国之本，人才供给质量决定着经济发展的水平。制造业是中国经济高质量发展的稳定器，是实体经济的根基，发展壮大实体经济必须保持一定体量的制造业。而规模庞大的高素质技能人才队伍，正是我国制造业实现转型升级的关键要素之一。

作为我国人才队伍的重要组成部分，技能人才是联结科技创新与生产实践“最后一公里”最关键最核心的劳动要素，是制造业提升竞争能力、提高经济效益的重要基础，也是稳定和扩大就业、实现共同富裕的关键。

当前，我国技能劳动者超过 2 亿人，其中高技能人才超过 6 000 万人。近年来，就业结构性矛盾日益凸显，“招工难”与“就业难”并存，“技工荒”制约了制造业发展。高质量发展呼唤数以亿万计的新型技能人才，培养和打造高素质技能人才队伍已经成为一道绕不过去的坎。

近日，《人力资源社会保障部关于健全完善新时代技能人才职业技能等级制度的意见（试行）》（以下简称《意见》）出台，将原有的“五级”技能等级延伸和发展为新的“八级工”制度。即在初级工、中级工、高级工、技师和高级技师五级职业技能等级之下补设学徒工，之上增设特级技师和首席技师，并建立与等级序列相匹配的岗位绩效工资制。

这一改革措施，将有力畅通技术工人成才上升通道，促进职业技能等级认定结果与培养使用待遇相结合，充分体现技能人才在高质量发展中的重要作用，为我国迈向制造强国提供坚实的人才保障，是我国人才体制机制改革领域的一次重大创新和发展里程碑。

新型技能人才短缺制约产业升级

“十四五”时期，我国处于由“弱人工智能阶段”迈向“强人工智能阶段”的关键节点。本轮技术革命弱化了经济与物质资本的联系，而与人力资本联系变强，其对劳动力市场的影响渐次深化，劳动力总量短缺与结构性矛盾交织，就业替代效应与创造效应并存。

在由要素驱动、投资驱动向创新驱动转变的高质量发展新阶段，我国技能人才发展，正面对前所未有的挑战。

一方面，产业链供应链现代化进程、战略性新兴产业和数字经济的人才需求规格正在发生实质性改变，新时期经济社会发展迫切需要大量新型高素质技能人才——既有扎实的理论知识又有精湛的专业技能，既可以解决复杂的技术问题还具备创新能力。以“知行兼具”“一专多能”和“创新创造”为突出特征的新型技能劳动者，将成为市场上特别是高新技术领域的紧俏人才。

另一方面，我国的技能人才仍然处于短缺状态，整体技能水平还跟不上经济结构调整、技术进步和市场变化，新职业、新型技能人才的培养仍落后于产业发展。值得关注的是，伴随智能制造、数字化生产浪潮兴起，在制造业部分重点行业领域和经济区域，新型技能人才短缺已成为制约产业升级的“瓶颈”。

职业发展的空间和通道不畅，是阻碍技能人才大发展的关键因素：

纵向看，技能人才通道上升空间不足，成长通道狭窄、路径单一，无法满足知识技能型、技术技能型、复合技能型等各类人才的多样化成长需求，以及企业个性化的人才管理工作实践要求。

横向看，现有的技能类资历序列，与技术类、教育类资历序列之间缺乏衔接、难以互认，这限制了技能劳动者终身职业技能提升和学历提升，阻碍人力资源的合理流动、高效配置。

技能人才职业发展受限、社会认同度低、工资待遇差等问题概源于此，导致技工院校招生难、企业缺工、技术工人流失率居高不下，进而造成教育结构失衡和结构性就业矛盾。

职业技能等级制度与时俱进

新时期，我国面临国际经济政治格局调整期、改革开放深化期与新冠肺炎疫情影响期相交织的全新挑战和空前巨变，既要保障国家安全又要推动产业转型。

从容应对变局的关键核心要素还是在于人，新时代、新使命、新挑战、新机遇呼唤更大规模更高质量的技能人才队伍，助力做大做强制造业，避免经济陷入“低技能、低增长”的双低循环陷阱。推动技能人才工作提质增效，关键在于建立符合时代发展和有利于劳动者成长的制度环境，以制度创新赋能技能人才队伍高质量发展。

我国的技能人才职业技能等级制度改革，顺应不同经济社会发展阶段的形势任务进行持续调整，经历了老“八级”、“五级”和新“八级工”制三个阶段。

1994年开始的“五级”技能人员职业资格体系已运行近30年，在纵向幅度设置和横向衔接机制上，都已大大落后于高新技术企业在技术升级背景下开展的新型技能人才评价工作实践。

2021年9月，人力资源和社会保障部开展特级技师评聘试点工作，拓展高技能人才上升空间，比照正高级职称人员享受相关待遇，推动更多拔尖领军技能人才脱颖而出。

2022年3月，在综合研判新时期经济社会和人才队伍发展形势的基础上，《意见》在原有“五级”和特级技师基础上进一步拓展，改革建立新的“八级”技能等级制度体系。

建立新“八级工”制度，通过实行一系列重大改革举措，对技能人才职业技能等级制度作出结构性调整和革命性重塑，破除技能人才晋升“天花板”“隐形门”，充分发挥人才评价“指挥棒”对技能人才培养、使用、激励工作的引领作用。

用活用好评价“指挥棒”

新“八级工”制，适应了科技革命正在渐次带动的产业技术优化升级、产业模式演变、产业生态重塑对人才体制机制改革提出的重大需求，满足了企业人力资源结构调整、人才管理变革以及劳动者个人的职业发展诉求。

拓展技能成才通道。新“八级工”制采取“顶部拓展”“底部延伸”与“横向衔接”相结合的方式，在纵向上，由低到高形成学徒工、初级工、中级工、高级工、技师、高级技师、特级技师、首席技师共 8 个职业技能等级（岗位）序列。

其中，增设特级技师、首席技师，是顺应产业技术变革和技能人才队伍转型升级的现实需求而及时作出的制度调整；补设学徒工，则是旨在消除劳动者职业通道中的“空档”“断档”，涵盖了毕业生从“学生”到“员工”角色转化以及实习期和新入职员工在技能认定前的定岗定薪等阶段，是对现行制度的重要调整和必要补充。

这是进一步提升企业人才选用效率、完善技能劳动者职业发展通道，以及推动职业教育与生产实践“无缝衔接”的有效手段，能够让技能人才评价制度在企业人才开发和劳动者职业生涯发展过程中更加充分地发挥导向性功能。

发挥人才评价引领作用。《意见》提出建立健全多层次、相互衔接、国际可比的职业标准体系，凸显了职业标准作为企业人力资源管理、职业教育和职业培训的技术基石，在技能人才队伍建设工作中所发挥的引领性和基础性作用。

《意见》将职业道德、职业操守和劳模精神、劳动精神、工匠精神等内容纳入职业标准，同时还明确了企业和院校主体在职业标准开发工作中的核心地位，这体现了提升劳动者职业素养在企业赢得市场竞争优势和个人获得职业发展过程中的关键作用，也为推动校企构建“利益共享”“互惠双赢”的技能人才联合开发模式奠定了制度基础。

对于职业技能等级制度、职称制度、职业资格制度及境外职业资格证书的统筹规划，不同类型人才、不同技能等级的差异化考评方式，不同类型主体的多样化技能等级认定模式，认定结果与培养使用待遇的衔接方式等内容，《意见》作出具体的制度安排。围绕新“八级工”制，整合培养、使用、评价、激励各业务条线，初步形成了技能人才开发工作的“协同作战”模式，有利于有效提升技能人才治理能力。

成就技能人才出彩人生。《意见》提出，引导用人单位将职业技能等级作为技能人才工资分配的重要参考，通过在工资结构中设置体现技术技能价值的工资单元，或根据职业技能等级设置单独的技能津贴等方式，合理确定技能人才工资水平，实现多劳者多得、技高者多得。这样的制度设计，可以实质性地提高技能人才的社会地位和待遇水平，促进物质生活和精神生活共同富裕。

纵观我国职业技能等级制度的改革发展脉络，能够清晰地体现出从低水平“公平分配”，到高质量“共同富裕”发展的逻辑转变。作为中等收入群体的重要组成部分，让技能人才实现体面就业，获得体面收入，是扎实推动共同富裕的切实举措。

下一步，更要持续加大力度畅通技能劳动者向上流动通道，加快建立国家资历框架制度体系，探索建立技能学分，加强技能资历与技术资历、教育资历序列间的横向衔接，实现待遇对接，让更多掌握精湛技术的高素质技能人才跻身中等收入行列，通过掌握一技之长，成就出彩人生，实现高质量就业，走上共同富裕道路。

建立现代技能人才制度体系

随着数字技术对经济的赋能作用逐步增强，未来技能人才工作将以更加主动姿态拥抱数字化变革，顺势完成各类业务的融合——以终为始、评价先行，统筹培养、使用、激励等关键环节，形成具有国际竞争力的现代技能人才制度体系。

这一体系应具备智慧、前瞻、协同、敏捷等四方面特征。

一是智慧。即从革新底层逻辑入手，打破传统的基于经验的工作方式，基于数据信息、数据决策，重塑技能人才开发体系运行模式。

二是前瞻。即规划先行，着眼技能更新迭代，以及制造业内部行业和区域的发展水平，探索开展技能监测、预测，超前部署数字技能类等新型人才培养，确保人才链、产业链、创新链同步发展和深度融合。

三是协同。即改革原有较为松散的校企“合作”模式，探索混合所有制办学，由院校、行业企业、社会机构等组建“联合体”，共同开展技能人才培养和评价，变“各自为战”为“联合作战”。

四是敏捷。即密切跟踪新技术、新产业、新业态、新模式，积极应对技术快速进步和日趋个性化、微量化的企业人才需求，着力实现数字化转型的“自驱力”，细化管理颗粒度，动态更新职业标准和改进评价技术，开展更高质量、更具针对性的职业教育培训。

纵观我国职业等级制度变迁史，无论是老的“八级”“五级”，还是新“八级工”制，都是历史进步和经济社会发展的必然结果，都具有非常突出的功能指向性——从早期阶段的单纯强调工资分配的“结果导向”，到中期阶段的“能力导向”，再到现阶段不断向注重能力、配置、待遇相结合的“综合应用”方向深入转化。

新调整的职业技能等级制度，更加符合人才成长规律和现代企业管理实践，注重营造有利于技能人才成长的制度环境和社会环境，遵循共同富裕的社会主义本质要求，强调鼓励勤劳创新致富，是适应社会主义市场经济，符合国家治理体系和治理能力现代化要求的人才体制机制重大改革创新。

未来，应始终坚持问题导向，立足“人才强国”“制造强国”战略，实时研判重点产业紧缺急需人才，针对现实存在的总量不足、素质结构失衡等技能人才发展短板弱项，持续完善职业标准体系、职业资格目录，适时改进不同类型人才、不同技能等级的差异化考评方式，引领优化配置调结构、强化培养提质量，不断完善技能人才供应链建设。

发展无止境，改革无止境。技能人才事业将以改革为动力不断向前发展，为制造业高质量发展提供强有力、可持续的人才支撑。

全面推行职业技能等级制度，畅通拓宽技能人才成长通道

（范巍，《中国劳动保障报》，2022 年 5 月 6 日）

近日，《人力资源社会保障部关于健全完善新时代技能人才职业技能等级制度的意见（试行）》（以下简称《意见》）出台。这是自建立技能人才职业技能等级制度以来，继“水平评价类技能人员职业资格退出国家职业资格目录”“进一步加强高技能人才与专业技术人才职业发展贯通”后技能人才评价制度改革的又一重大举措，标志着我国技能人才评价制度改革基本完成，技能人才评价工作进入新阶段，即全面推行职业技能等级认定阶段。

循序渐进：从资格鉴定到技能等级认定

我国的技能人才评价，始于 20 世纪 50 年代的“八级工”制度。自 20 世纪 50 年代中期开始全面实

施，先后经历了考工定级和考工晋级阶段、停滞阶段和工人技术等级制度阶段，在调动技术工人工作积极性、增强技术工人社会荣誉感、造就一批高技能人才等方面发挥了重要作用。到20世纪八九十年代，“八级”简化为初、中、高三级，后又增加确立了技师、高级技师两级技术职务。自此，技术等级由工资标准的附属物变为独立衡量工人技术能力的标尺，确立了工人技术等级标准的独立地位。

进入21世纪，技能人才评价迎来新变化。2017年《国家职业资格目录》的发布，将原有399项技能人员职业资格删减为81项。大幅压缩职业资格数量、提升资格证书含金量的同时，也让诸多职业（工种）失去了原本的人才评价标杆和“指挥棒”，诸多良莠不齐的境内外一些虚假“资格”证书趁虚而入，带来一系列新问题。

2019年8月，人社部印发《关于改革完善技能人才评价制度的意见》，明确提出在深化技能人员职业资格制度改革的同时，建立并推行职业技能等级制度，由用人单位和社会培训评价组织按照有关规定开展职业技能等级认定，技能人才评价迎来新的方向。随后，人社部于2020年7月印发《关于做好水平评价类技能人员职业资格退出目录有关工作的通知》（人社厅发〔2020〕80号）、2020年11月印发《关于支持企业大力开展技能人才评价工作的通知》（人社厅发〔2020〕104号）、2021年11月人社部公布《国家职业资格目录（2021年版）》，等等。这一系列文件的发布，体现了技能人才职业技能等级制度建立和推行的循序渐进，到近日《意见》的发布，标志着技能人才评价工作进入全面推行职业技能等级认定阶段。

顶天立地：“八级”制度“旧瓶装新酒”

一直以来，以技能人才为代表的“蓝领”与以专业技术人才为代表的“白领”在社会地位、经济收入、职业声望、教育和评价方式、职业发展等方面存在明显差异，形成天然阶层固化。诸多父母和求职人员宁做“小白领”、不当“大蓝领”，职业教育和技工教育等于“廉价”的思想根深蒂固，严重影响了我国人才强国战略和制造强国战略实施。

为有效扭转这种局面，国家采取了诸多措施。

一方面将技术人才和技能人才糅合在一起。2018年，中共中央办公厅、国务院办公厅印发《关于分类推进人才评价机制改革的指导意见》，提出要“创新技术技能人才评价制度”，创造性将技术人才和技能人才糅合起来，这也是技术技能人才这个概念第一次出现在中央文件中。2020年，《中共中央关于制定国民经济和社会发展第十四个五年规划和二〇三五年远景目标的建议》更是提到要“加大人力资本投入，增强职业技术教育适应性，深化职普融通、产教融合、校企合作，探索中国特色学徒制，大力培养技术技能人才”。在“技能人才”名称前加上“技术”二字，并不只是单纯加个前缀，实现名称上的变化，更是人才队伍建设和发展理念上的升级换代，以满足我国经济社会快速发展、技术变革带来的大量复合型人才需求，其核心要义为“技能人才技术化、技术人才技能化”。

另一方面则是着力打通技能人才和专业技术人才职业发展壁垒。2018年11月《关于在工程技术领域实现高技能人才与工程技术人才职业发展贯通的意见(试行)》（人社部发〔2018〕74号）和2020年12月《关于进一步加强高技能人才与专业技术人才职业发展贯通的实施意见》（人社部发〔2020〕96号）两个文件的发布，标志着高技能人才和专业技术人才的职业发展实现贯通，技能人才发展“立交桥”正式建立。

但上述两种方式的根本出发点，还是潜意识地认为技能人员的社会地位和技术水平低于专业技术人员，技能人员需要拔高、向专业技术人员靠拢。而且，在具体实施过程中存在诸多困难，如在实施评聘合一的单位中技能人员职称评审难度极大等。所以，要想真正畅通技能人才职业发展通道，增强技能人才荣誉感获得感幸福感，吸引更多劳动者走技能成才、技能报国之路，还是要建立技能人才自身的、等高于专业技术人才的职业发展通道。《意见》的发布，真正实现了这一点。

《意见》将现行技能人员职业技能等级从“五级”增加到“八级”，在初级工前补设学徒工，在高级技师上增设特级技师和首席技师，其中特级技师比照正高级职称人员享受同等待遇，首席技师则地位更高。《意见》所提出的“八级”制度与20世纪50年代的“八级”形似而神不似，更多是客观反映技能人才的技能等级水平和职务岗位，并不直接与薪酬激励、福利待遇、职业发展等硬挂钩，保持了相当的灵活性，更有利于用人单位的人才培养和使用。

科学前瞻：新时代职业技能等级制度必将大放光彩

《意见》的发布，标志着我国技能人才评价制度改革基本完成，技能人才评价工作进入全面推行职业技能等级认定的新阶段。《意见》从健全职业技能等级制度体系、完善职业技能等级认定机制、促进职业技能等级认定结果与培养使用待遇相结合等方面明确提出改革意见和方向，并列出“八级”各个职业技能等级（岗位）要求，具有相当的科学性和前瞻性。

一是设计更具科学性。在初级工前补设学徒工，在高级技师上增设特级技师和首席技师，并不是单纯在原有“五级”基础上的简单叠加，而是从岗位到标准、评价等方面的全方位升级。其中，学徒工转正定级考核由用人单位在其学习期满和试用期满后自主进行，与诸多职业（工种）的职业标准相衔接；初级工到高级技师由用人单位和社会培训评价组织按职业标准和有关规定进行，评价结果为技能等级，与待遇使用相联系，可理解为评聘分开或合一；特级技师和首席技师则为职务和岗位，通过评聘方式进行，实行岗位聘任制，与待遇使用相挂钩，可理解为评聘合一。不同的评价方式和实施主体对应不同的等级，既保证了评价的社会性，又保证了用人单位的自主权，具有相当的科学性。

二是实施更具灵活性。一方面，《意见》实施后，国家技能人才评价会形成“职业技能等级认定为主、职业资格评价和专项职业能力考核为辅，用人单位和社会培训评价组织具体认定为主、政府部门具体认定为辅”的新格局，职业技能等级制度可以与职业资格制度、职称制度更好衔接。另一方面，职业技能等级制度在标准上可以与职业标准、评价规范等相互衔接；在培养上可以更好发挥社会培训评价组织的积极性，更好与企业用人单位需求紧密结合；在使用上对提高人才培训质量，促进认定结果与岗位使用有效衔接，提高技能人才激励水平等方面具有重要现实意义。

三是设置更具前瞻性。2016 年，国家“十三五”规划中提出要制定国家资历框架。此后，建设中国特色国家资历框架的实践探索陆续展开。从国际经验和长远发展看，包括职业资格证书、职业技能等级证书、职业技能培训证书等在内的职业资历体系和涵盖各类各级教育文凭的学历资历体系是国家资历框架的“两大”支柱。但是现行“五级”的技能人才评价与国际通行 8~9 级的资历框架存在错位对应。新的“八级”制度的出现，很好地解决了这种错位，为技能人才评价、职业技能等级制度更好地融入我国国家资历框架体系奠定了重要基础。所以说，新“八级”的设置具有较好的前瞻性。

总体来看，《意见》的出台，标志我国技能人才评价改革进入全面推行职业技能等级认定的新阶段。《意见》的实施必将在提高技能人才社会地位和职业声望、吸引更多劳动者走技能之路、缓解技能人才短缺问题等方面发挥重要且积极的作用，为全面建设社会主义现代化国家和经济社会高质量发展提供充足的人才支撑和技能保障。

完善发展通道，提高收入水平，进一步落实技能人才待遇

（崔秋立，《中国劳动保障报》，2022 年 4 月 28 日）

对于“八级工”，老一代产业工人都不陌生，那曾是一个光荣的称号，既代表高超技能，也代表着收入水平和社会地位。新中国建立初期，在“八级工资制”的引导激励下，一大批优秀技工脱颖而出，为新中国工业化奠定基础。最近，《人力资源社会保障部关于健全完善新时代技能人才职业技能等级制度的意见（试行）》（以下简称《意见》）出台，重构“八级”制度，使我们对于未来技能人才事业的发展充满希望和信心。

习近平总书记强调，“全心全意依靠工人阶级不能只当口号喊、标签贴，而要贯彻到党和国家政策制定、工作推进全过程，落实到企业生产经营各方面”。总书记多次指示，要求健全技能人才培养、使用、评价、激

励制度，激励广大青年走技能成才、技能报国之路。2017 年，中共中央、国务院印发《新时期产业工人队伍建设改革方案》，强调产业工人是工人阶级中发挥支撑作用的主体力量，是创造社会财富的中坚力量，是创新驱动发展的骨干力量，是实施制造强国战略的有生力量。要按照政治上保证、制度上落实、素质上提高、权益上维护的总体思路，改革不适应产业工人队伍建设要求的体制机制。2018 年，中共中央办公厅、国务院办公厅印发了《关于提高技术工人待遇的意见》。随后，人社部出台了包括贯通高技能人才和专业技术人才职业发展通道、《技能人才薪酬分配指引》等一系列重要措施。经过努力，技能人才的成长环境有了很大改善。《意见》的出台，是深入贯彻落实总书记重要指示和中央决策，进一步提高技术工人待遇，优化技能人才成长环境的又一个重大举措。

2022 年全国“两会”期间，一则全国人大代表建议冲上热搜，倡议年轻人“多进工厂、少送外卖”，体现了制造业面临技术工人短缺的焦虑。社会上对此问题的讨论，基本上围绕着技术工人待遇展开。技能人才待遇包括很多方面，需要系统治理、持续改进。其中有两个十分关键的问题受到普遍关注、能够起激励作用：一是职业发展通道；二是工资收入水平。一个人长期工作于某个岗位，如没有晋升和发展通道，或者通道“短”“窄”，“头顶天花板”，很难保持可持续的工作热情；收入水平更是一个决定性因素，直接影响工作岗位的吸引力和劳动者的社会地位。人社部《意见》的突出贡献，即是回应社会的普遍关切，从完善通道和提高收入两方面着手，推动技能人才待遇的提高。

关于技能人才的发展通道，《意见》的重大构想，即是“健全职业技能等级制度体系”。这不仅包括全面推行职业技能等级制度，人人均有机会得到技能等级评价，也包括完善职业标准体系，构成“多层次、相互衔接、国际可比的职业标准体系”“促进职业发展贯通”等。尤其引人关注的是“八级”，即在现有职业技能等级设置基础上，适当增加或调整技能等级，在“高级技师”之上增设“特级技师”和“首席技师”，在“初级工”之下补设“学徒工”，从而形成八个等级的职业技能等级（岗位）序列。其意义在于：一是将职业技能等级序列延伸，将有利于延长技能人才发展通道，激励他们不断向上发展。与职业发展贯通的相关政策相互作用，大大拓展技能人才的成长空间。二是规范化、体系化。这是将多年来国家和各地在技能等级制度建设方面的探索进行统筹和规范，构成相对完整、相互衔接的技能等级体系。三是对技能人才起到引导和激励作用。鉴于历史上“八级工资制”曾经产生过的影响，新的“八级”为技术工人展示新的成长成才之路，增强技能人才的荣誉感获得感幸福感，也必然会产生广泛的社会效应和积极导向，引导和激励广大青年技能成才、追求卓越。

工资收入分配是一个更为复杂的问题。在市场经济条件下，企业是市场主体，分配自主。如何提高技能人才收入水平，需要在遵循市场经济规则的前提下，加强调控和引导，推动企业理顺分配关系，增加技能人才收入。《意见》体现了一个重要的指导思想，即将技能等级（岗位）作为收入待遇的重要参考。强调要“建立与职业技能等级（岗位）序列相匹配的岗位绩效工资制”。要落实《技能人才薪酬分配指引》，强化工资分配中的技能价值激励导向。引导企业建立基于岗位价值、能力素质、业绩贡献的工资分配制度。同时，引导用人单位工资分配向高技能人才倾斜，高技能人才人均工资增幅不低于本单位相应层级专业技术人员和管理人员人均工资增幅。《意见》进一步明确，聘用到特级技师岗位上的人员，比照正高级职称人员享受同等待遇。首席技师薪酬待遇可参照高管确定。从而使技能人才的待遇有了一个基准线和参照系，避免“空对空”，便于企业在工资分配中参考和落实。

技能等级与收入待遇挂钩，是技能评价制度改革的一个关键问题。若不与收入待遇相联系，技能等级评价制度的效能便大打折扣。《意见》突出强调将职业技能等级作为技能人才工资分配的重要参考，并作出了具体规定，这就使技能等级同时具有了“工资等级”的意义，可以说是技能评价制度改革的一个重要成果，赋予新的技能评价制度以生机和活力。一定意义上说，新的“八级”不仅具有新中国初期“八级”的形态，而且也具有其内涵。老的“八级”生存条件是计划经济体制，工资收入由政府管控。而市场经济条件下，企业自主分配，如何实现技术等级与收入待遇挂钩，是一个难点问题。正是由于近年来企业自主评价的大力推广，为解决这一问题提供了可能。老“八级”发展到后期，因为平均主义“大锅饭”的影响而流于形式，被新的分配制度取代，而新“八级”建立在市场竞争机制的基础之上，必将具有长远发展的前景。

《意见》有一个重要的思想，即强调“多劳者多得，技高者多得”，将“技能水平和贡献”作为技术工人发展通道和收入待遇的基础。有技能才有等级，有技能才有待遇、有发展，在职业发展和薪酬待遇上起着决定作用的是劳动者技能水平的高低。这种制度设计，有利于调动劳动者提高技能的积极性，不断推动技术工人整体技能水平的提高。按照马克思主义经济学的经典理论，提高劳动生产率，就意味着创造更多的产出；创造更多的经济产出，则为提高劳动报酬提供可能。而劳动生产率则又依赖于技术的改进和劳动者技能素质的提升。把技术工人的职业发展通道和收入待遇置于技能和贡献的基础之上，在提高技能水平基础上实现个人职业发展，提高收入水平，会更加有利于激励劳动者提升人力资本，提高技能水平，提高劳动生产率，因而对企业长远发展而言是良性循环和促进，并以此推动形成人人“学技能、有技能、长技能、比技能”的技能型社会。

目前，职业技能等级评价工作正在全面展开。《意见》的出台，对于评价工作具有重要的引导作用。要求各类评价组织要更加注重评价的质量和效能，重视证书的含金量，包括技工院校，应当认真研究如何提高人才培养和技能评价水平；进一步深化校企合作，推行工学一体人才培养改革，将国家职业标准、企业评价标准，运用于人才培养实践中，真正培养出被企业认可，留得住、用得上、干得好、待遇高、发展好的技能人才。

八级资历框架国际通行，期待中国特色学徒制进入新阶段

（赵志群，新时代职教公众号，2022 年 5 月 24 日）

编者按：针对人社部近日出台的新八级工制度，中国商报新时代职教约访了留德哲学博士，现为北京师范大学教育学部教授、博士生导师，北京师范大学教育学部职业与成人教育研究所原所长赵志群，以下为对话实录。

新时代职教：如何评价八级工制度？

赵志群：人社部新推出的八级工制度是一个好的举措。我国历史上曾经有过老八级工制度，即以技能水平确定薪酬标准的制度。20 世纪 90 年代，我国在双证书制度建设工作中引进了五级职业资格标准制度。

新八级工制度将实现与国际接轨

在国际上，五级职业资格制度起源于英国的 NVQs

(国家职业资格证书制度),是一种资格等级标准制度,其五个等级与我国采用的五个职业技能等级有对应关系。后来,英国在此基础上建立了八级职业资格等级制度,并发展成为后来欧盟的"资历框架"。按照这个"资历框架",职业技能证书与学历有一一对应关系,如高级技师相当于本科,技师相当于大专等。后来,由于非欧盟成员的欧洲国家如瑞士和独联体国家、英联邦国家和东盟国家都不同程度地采用了这个八级资历框架,八级资历框架事实上成为一种国际通行的技能等级制度。

实现技能与学历可比性为资历框架奠基

我国采用八级工制度有很多好处,这有可能解决长期以来困扰我们的重学历、轻技能的问题。它实现了技能等级与学历的可比性,这是建立国家资历框架的基础。国际上的八级技能制度与学历也有一一对应关系,如果从制度上认可首席技师对应博士,特级技师对应硕士,高级技师对应学士,技师对应大专,……,这就畅通了技术技能人才引进和成长的通道。

从“师傅”到“大师”体现中国智慧

被评选为大国工匠的中央音乐学院郑荃就是一个典型的案例。他曾赴意大利学习提琴制作，技术达到世界先进水平，制作的提琴每把价值上百万元。1989年他受邀回国时，在意大利获得的证书是手工业“师傅”（Master），但中央音乐学院引进人才必须副教授以上才符合条件。中央音乐学院将“Master”翻译成“大师”，认可其相当于副教授，从而解决了这个问题。新八级工制度，就是把这种极为智慧的解决方案制度化了。

使中国特色学徒制进入新阶段

新八级工制度，向上而言，在高级技师之上增加了特级技师和首席技师，畅通了优秀和卓越技能人才的晋升通道。而向下，增加了学徒工，这可以解决学徒制中学徒的合法身份问题。目前，在中职阶段实施学徒制几乎是不可能的，因为学生没有年满18岁，进入实习岗位有违反劳动法之嫌。设计学徒工层次，加上相关法律法规的完善，可以为学徒工提供合法身份，从而使我国的特色学徒制发展进入新的阶段。

弥补工业文化缺失利于“一带一路”建设

新八级工制度的建立，对我国推动共建“一带一路”等会有很大的帮助。比如在大型建设项目中，建设和施工人员可能来自不同国家，如果有国际通行的八级工标准，在人力资源管理工作中，如对技术人员的调配和薪酬设计等，就会容易得多。

总体而言，新八级工制度弥补了我国手工业和工业文化的缺失，对我国构建技能型社会是有利的。

新八级工落地并不难

新时代职教：八级工制度落地的关键在哪里？

赵志群：新八级工制度落地其实并不很难。首先，这是由人社部门主导的，人事部门有完全的管辖权，不存在部门交叉问题。其次，人社部门和大型企业，特别是大型央企之间不存在协调上的问题，可以先从央企开始试行。如果成功，其他类型的企业自然会跟进。最后，这个制度在国际上有成熟的经验可借鉴。我国原来的五级技能等级标准的要求和国际上也是完全对接的，对每一级别职业功能要求都有详细的规定。人社部门的专家在职业标准制定方面有丰富的经验。

建立公平操作体系，实现评聘分离

新时代职教：如何建立公平可操作的评价体系？

赵志群：建立统一的标准非常重要。如果没有标准，就没有办法实现可比性。这对高级别技能的评价和认定特别重要，否则就成了荣誉称号的评比，如劳动模范或先进工作者等。

新时代职教：如何打通不同企业之间评价的壁垒，做到统一标准，互相认同？特别是不同省区的企业会否产生不同标准，互不认同？

赵志群：这主要是针对高级别的技能等级，如特级技师等。政府管理部门应该制定统一的标准，由各地方和行业部门组织实施，类似于现在的社会化职称评审。对企业来讲，可以采用“评聘分离”的政策。如果评价机构质量控制严格，其评价结果就会被企业和社会所认可，该机构才有可能在市场中生存和发展下去。至于国际间的认可，主要是通过政府协议实现的，类似国家之间的学历、学位证书互认协议。

我国技能人才职业技能等级制度的历史演变

（李志敏，《中国组织人事报》，2022 年 5 月 30 日）

新中国成立以来，我国技能人才职业技能等级制度先后经历了“八级工”“三级工”“五级工”阶段，目前正在从“六级工”向新的“八级工”方向发展。

一、“八级工”阶段

我国职业技能等级制度源于技能薪酬制。20 世纪五六十年代在国营企业广泛实施的“八级工制度”，严格地说，实为“八级工资制”。八级工资制是在我国企业工人中实行的一种工资等级制度，按照生产劳动的复杂程度和技术的熟练程度，将工资分为八个等级。1950 年，东北人民政府发布《关于调整公营产业工人、技术人员工薪及改行八级工资制的指示》，实行“八级工资制”。1951 年，东北又将工资标准改为五类产业，此后工资标准、产业分类曾有多次调整，而八级工资涉及的等级制度没有根本改变。1952 年开始，东北地区乃至全国，工资管理工作移交劳动部门负责。1956 年，国务院第 32 次全体会议通过《关于工资改革的决定》，指出：为了使工人的工资等级制度更加合理，各产业部门必须根据实际情况制定和修订工人的技术等级标准，严格地按照技术等级标准进行考工升级，使升级成为一种正常的制度。

八级工制度的产生和实行有其历史必然性和合理性。从 1956 年起正式建立并实行八级工资制，至今在相当一部分老工人的档案工资中还有记载，显示了它的生命力，充分说明了它当时存在的合理性。

八级工资制实行初期，运行比较正常。一是工资水平确定得比较恰当，符合当时国家经济发展水平（较低的物价水平）、生产状况（重点建设重工业）和人民的长远利益。二是较好地体现了按劳分配的原则，较好地调动了工人队伍的劳动热情，在技术水平、劳动对象、劳动强度等方面都作出明确的、差异化的具体要求，体现了不同技术水平工人之间的工资差别。三是兼顾公平，适当考虑了工人、企业职员和国家机关干部的工资关系。但是，此后由于各种原因，在执行八级工资制的过程中出现了不少偏差，已不能适应发展需要，技术等级已无法真实反映技能和贡献。

二、“三级工”阶段

党的十一届三中全会以来，按劳分配的社会主义分配原则得到确认，1981 年实行企业奖金提留随盈利多少浮动，1984 年实行奖金不封顶，超额征收奖金税的办法。1985 年，国务院发出《关于国营企业工资改革问题的通知》，同年，中共中央、国务院下发《关于国家机关和事业单位工作人员工资制度改革问题的通知》，要求在机关、事业单位实行以职务工资为主的结构工资制，在企业实行工资总额与经济效益挂钩的办法。自此，我国在一部分国营大中型企业试行职工工资总额同企业经济效益按比例浮动的办法，各企业不统一实行八级工资制，而是根据情况确定自己所实行的工资制度。

与此同时，由于多年来对职工教育工作的放松，职工队伍知识和技能水平远远不能适应现代化建设的要求。特别是大批知青返城和农村转移劳动力涌入企业，由于其基本技术知识和基本操作技能缺乏，以致产品质量下降，各种事故不断。为此，1981 年，中共中央、国务院下发《关于加强职工教育工作的决定》，要求对青壮年职工进行政治思想教育和文化、技术补课（即“双补”教育）。

鉴于八级工制度工人技术等级标准之间的专业理论知识和技能水平的差距难以有效区分，不利于大规模开展培训，为便于培训特别是理论知识培训工作开展，机械工业部于 1981 年率先进行探索实践，将八级工制度中的 1~3 级工定为初级工，4~6 级工定为中级工，7~8 级工定为高级工，从而形成初、中、高三级技术工人培训等级，并与普及初中文化教育一起作为“双补教育”，此后在全国各行业普遍推广。

从 1988 年开始，劳动部在广泛调查和充分论证基础上，组织国务院 45 个行业主管部门进行了第三次技术等级标准修订工作，初步解决了部门间工种交叉重复的问题，将近万个工种合并为 4 700 多个，并颁布了我国首部《中华人民共和国工种分类目录》，简化了等级结构，将传统的八级工制度改造为初、中、高三级工制度。

三、“五级工”阶段

为进一步提高技术工人技能水平，我国在高级技工中先后设置了技师、高级技师技术职务。1987 年，劳动人事部在调查研究基础上制定了《关于实行技师聘任制的暂行规定》，经国务院批准颁布实施，在全国范围内组织技师评聘试点工作。1989 年，劳动部进行了高级技师评聘试点，并于 1990 年正式印发《关于高级技师评聘的实施意见》，规定技师、高级技师考核办法、津贴标准及有关福利待遇。

1990 年，经国务院批准，劳动部颁布实施《工人考核条例》。条例的颁布和施行，标志着我国基本形成了工人考核制度，确立了初级工、中级工、高级工、技师和高级技师 5 个等级的技术工人考核体系，为实现职业技能鉴定社会化管理和推行国家职业资格证书制度奠定了坚实的基础。

党的十四大以来，经济体制面临从传统的计划经济体制向社会主义市场经济体制转变的历史性变革，我国的职业资格制度也在进行着重大转轨。《中共中央关于建立社会主义市场经济体制若干问题的决定》指出：要制订各种职业的资格标准和录用标准，实行学历文凭和职业资格两种证书制度。1993 年，劳动部颁布《职业技能鉴定规定》，对技能人员开展社会化职业资格鉴定工作。1994 年，劳动部、人事部印发《关于颁发〈职业资格证书规定〉的通知》，由两部门分别负责技能人员和专业技术人员的职业资格鉴定评价和证书核发。1995 年实施的《中华人民共和国劳动法》第六十九条规定："国家确定职业分类，对规定的职业制定职业技能标准，实行职业资格证书制度，由经备案的考核鉴定机构负责对劳动者实施职业技能考核鉴定。"1999 年 5 月，劳动和社会保障部、国家质量技术监督局和国家统计局三部门联合颁布了《中华人民共和国职业分类大典》。这一时期，我国完善了职业技能鉴定的政策和法规体系，确定了国家职业分类并开始制定新的国家职业标准，建立了职业技能鉴定的组织实施和技术支持体系，完善了职业技能鉴定的质量管理体系，使我国的"五级工"国家职业资格制度得以确立并不断发展。

四、"六级工"到新的"八级工"阶段

2013 年以来，按照国务院推进"放管服"改革部署，经报国务院同意，取消七批职业资格许可和认定事项，占职业资格总数的 70%以上。2017 年，经国务院同意，人社部向社会公布国家职业资格目录，对职业资格实行清单式管理。此后，技能人员水平评价类职业资格分批退出国家职业资格目录，由政府认定改为实行社会化等级认定。

随着职业资格改革深入推进，技能人员职业资格数量大幅减少，技能人才评价缺失，企业和劳动者反映没有相应的职业能力证明，影响企业选人用人以及劳动者求职就业和成长成才，亟需深化改革。

2019 年，人社部印发《关于改革完善技能人才评价制度的意见》，提出建立健全以职业资格评价、职业技能等级认定和专项职业能力考核等为主要内容的技能人才评价制度，健全完善技能人才评价体系，形成科学化、社会化、多元化的技能人才评价机制。

目前，技能人才评价改革正在有序推进，且取得了明显成效。但也要看到，现有“五级工”技能等级划分模式已不能适应新时代高质量发展需要。在职业资历框架制度体系尚未建立完善的情况下，原有制度框架已落后于经济社会发展，高技能人才在纵向晋升上存在着“天花板”问题。2021 年，根据中共中央办公厅、国务院办公厅《关于提高技术工人待遇的意见》和人社部《关于改革完善技能人才评价制度的意见》等有关要求，在总结地方和企业实践基础上，人社部组织开展特级技师评聘试点工作，在高级技师之上增加特级技师（岗位）技术职务，标志着我国进入“六级工”时代。

2022 年，人社部在总结特级技师评聘试点经验基础上制定出台了《关于健全完善新时代技能人才职业技能等级制度的意见（试行)》。主要内容是：一是拓展职业技能等级（岗位）序列。在现有初级工、中级工、高级工、技师、高级技师 5 个职业技能等级基础上，向上增设特级技师、首席技师技术职务（岗位)，向下补设学徒工，形成新的“八级工”职业技能等级（岗位）序列，打破技能人才成长“天花板”。二是促进职业技能等级认定结果与培养使用待遇更好结合。引导用人单位对高技能人才探索实行项目工资、岗位分红、专项特殊奖励、技术创新成果入股等激励办法。明确高级工以上的高技能人才比照相应层级专业技术人员享受同等待遇。对取得特级技师的人员，比照正高级职称人员享受同等待遇；对首席技师可参照本单位高级管理人员确定薪酬待遇。三是完善职业技能等级制度内涵。建立与国家职业资格制度相衔接、与终身职业技能培训制度相适应，并与使用相结合、与待遇相匹配的新时代技能人才职业技能等级制度。这不仅是技能人才评价制度，更是兼顾技能人才培训、使用、待遇等在内的制度体系。

下　　篇

地方实践

江苏省特级技师评聘试点工作方案

（苏人社办函〔2021〕162号）

为加强高技能人才队伍建设，拓展技能人才职业发展通道，根据《人力资源社会保障部关于改革完善技能人才评价制度的意见》（人社部发〔2019〕90号）、《人力资源社会保障部办公厅关于开展特级技师评聘试点工作的通知》（人社厅发〔2021〕66号）文件精神，现就我省特级技师评聘试点工作制定如下方案。

一、试点范围

（一）试点机构。

特级技师评聘试点工作在省内开展职业技能等级

认定的企业中开展，试点企业由各设区市职业技能鉴定机构推荐申报，原则上每个设区市1~2家。申报试点的企业应当符合如下要求：

1. 规模以上企业（按统计口径）；

2. 已组织开展过高级技师职业资格评价或职业技能等级认定工作；

3. 企业有一定数量的高级技师。

鼓励“G42+民营企业人才人事综合改革示范基地”踊跃申报，不占用设区市推荐名额。已在人力资源社会保障部备案的中央企业驻苏分支机构由中央企业统筹开展特级技师评聘工作。

（二）评聘对象。

参评特级技师人员为企业生产科研一线从事技术技能工作并具备相应条件的优秀高技能人才，模范遵守国家法律法规和企业规章制度，具备良好的职业道德和工匠精神，爱岗敬业、甘于奉献，职业能力和工作业绩在企业生产、工作领域得到一致公认，具备高超的解决生产一线技术难题业务水平或传师带徒成果显著，并具备以下基本条件之一：

1. 具有高级技师职业资格（职业技能等级），并在高级技师岗位工作满5年且仍从事本职业（工种）工作；

2. 具有与参评职业（工种）相应的正高级职称或一级专业技术资格且仍从事本专业领域工作。

具备基本条件并符合以下条件之一者优先考虑：

1. 中华技能大奖获得者；

2. 享受国务院颁发的政府特殊津贴人员；

3. 全国技术能手、世界技能大赛奖牌或国家职业技能大赛金牌获得者；

4. 省级及以上“劳动模范”或“五一劳动奖章”获得者；

5. 省级及以上技能大师工作室带头人或“技能大师”称号获得者；

6. “江苏大工匠”、“江苏工匠”或“江苏省企业首席技师”称号获得者；

7. 牵头编制国家职业技能标准或省级行业评价规范的专家组长。

（三）参评职业（工种）。

1. 依高级技师职业资格（职业技能等级）参评人员，特级技师职业（工种）应当与高级技师相一致；

2. 依正高级职称或一级专业技术资格参评人员，

企业可自主确定与本企业专业技术人才实现职业发展贯通的职业（工种），所选职业（工种）应当具有高级技师国家职业技能标准或行业、企业评价规范。

二、工作流程

（一）确定试点企业。各设区市根据本市技能人才评价开展情况，择优推荐试点企业，于11月30日前报省职业技能鉴定中心汇总。

（二）制定方案。试点企业按生产和人力资源管理实际制定工作方案，明确评审职业（工种）、评审条件、评审方式、组织形式、时间安排等，并向全体职工公示。省、设区市职业技能鉴定机构应当给予企业必要的指导并提供职业资格评价综合评审相关材料。

（三）方案报审。工作方案应当于2021年12月31日前上报，省职业技能鉴定中心将组织专家对方案进行评估，方案未通过评估的企业，将退出特级技师评聘试点工作。

（四）组织评审。企业按通过评估的工作方案，对符合条件的职工开展评审，评审形式由企业自主决定，可综合运用业绩评审、技术攻关、口头答辩、企业内表彰等方式，考察职工在技术改造、研发创新和先进技术成果促进生产力发展方面的业绩贡献。评审过程中，省、设区市职业技能鉴定机构将现场督导部分企业评审现场并宣传推广。

（五）名单公示。经评审，试点企业提出特级技师建议人选名单报省职业技能鉴定中心并面向全体职工公示。同时，省职业技能鉴定中心在省人力资源社会保障厅网站、"江苏人社"微信公众号公示特级技师建议人选名单，公示期不少于5个工作日。

（六）证书核发。公示无异议后，由企业颁发相应职业技能等级证书，证书样式和编码按人力资源社会保障部有关要求确定，证书编码中第16位为大写字母"T"。

三、时序进度

时间段	工作安排
2021年11月下旬	制定全省试点方案，确定试点企业
2021年11月下旬—12月底	企业编制工作方案
2022年1月上旬	省鉴定中心组织专家评估各企业工作方案
2022年1月中旬—2月底	企业按方案实施评聘试点并形成建议名单
2022年3月上旬	特级技师建议名单公示
2022年3月底前	发出我省首批特级技师证书

四、工作要求

（一）加强组织领导。特级技师评聘试点工作是畅通技能人才职业发展通道，完善职业技能等级制度的创新举措，各地要高度重视，按技能人才评价工作实际，精准选择本地龙头企业、大型企业开展试点，同时要加强统筹协调，及时提供政策咨询、过程指导、信息化数据等方面服务工作，努力形成可复制、可推广的经验。

（二）确保评审质量。坚持实事求是，以用为本，各试点企业科学制定工作方案，合理确定评审形式，精心组织实施，自觉接受职工和社会监督。各地要对工作流程、评审标准和配套措施作出具体要求，规范推进，并按人力资源社会保障部文件精神落实相关待遇政策。各地、各试点企业不得将特级技师评聘试点工作等同于高级技师的普遍晋升，要稳慎推进，确保质量。

（三）强化监督管理。特级技师评聘工作采取每年申报制度，符合评聘试点企业要求的即可开展相应评聘工作。各地、各试点企业要加强监管，对试点企业或参评职工弄虚作假的，取消本年度评审资格，五年内不得申请或参与特级技师评聘工作。

附件：特级技师评审申报表（略）

2021 年 11 月 23 日

江苏开展特级技师评聘试点 20家企业入选首批试点单位

2022年2月17日上午，江苏省人力资源和社会保障厅召开技能人才工作新闻通气会。江苏省人社厅职业技能鉴定中心主任杨进保表示，为打破技能分级“天花板”，2021年以来，江苏省开展特级技师评聘试点，已经确定13个设区市共20家企业作为首批试点单位。

杨进保表示，在人社部出台工作文件后，江苏省第一时间启动了特级技师评聘试点工作，制定了《江苏省特级技师评聘试点工作方案》，为拥有高超技能水平、展现一流工作业绩以及为产业技术革新作出突出贡献的“塔尖”型人才提供了进一步向上发展的空间。

江苏省特级技师评聘试点工作首先在龙头企业中开展，参评的职工均为各龙头企业生产科研一线从事技术技能工作的领军人才，省、市、县（区）三级人社部门联动，主动进行政策宣传，帮助企业合理制定评聘方案，为精英人才提供贴心服务。

同时，江苏省人社部门将特级技师评审自主权全面放给试点企业，企业可按生产和人力资源管理实际，自主确定评审职业（工种）、评审条件、组织形式，时间安排等。在“聘”这一层面，企业与特级技师签订聘任协议，落实薪酬提升，吸纳特级技师参与科研攻关、重大项目招投标技术评审等工作。

目前，江苏省人社厅已确定13个设区市共20家企业作为首批试点单位，这些企业都是省内各行业中的龙头企业，由各设区市人社局推荐，江苏省职业技能鉴定中心组织专家评审，经公示并报厅领导同意后确定。

这20家试点企业覆盖了工程机械、港口运输、电子、钢铁、汽车、纺织、酿酒等江苏省重要产业链，其中江苏沙钢集团有限公司和江苏恒力化纤股份有限公司是世界500强企业。

2月下旬开始，各评聘试点企业将陆续对符合条件的职工开展评审，评审形式将由企业自主决定，可综合运用业绩评审、技术攻关、口头答辩、企业内表彰等方式，考察职工在技术改造、研发创新和先进技术成果促进生产力发展方面的业绩贡献。

（李润文，《中国青年报》客户端，2022年2月17日）

待遇比肩教授，技工更有奔头

2022年3月18日，人社部发布《关于健全完善新时代技能人才职业技能等级制度的意见（试行）》（以下简称《意见（试行）》），首次明确企业可根据技术技能发展水平等情况，对设有高级技师的职业（工种），可在其上增设特级技师和首席技师技术职务（岗位），在初级工之下补设学徒工，形成由学徒工、初级工、中级工、高级工、技师、高级技师、特级技师、首席技师构成的八级职业技能等级（岗位）序列。专家表示，“八级工”职业技能等级制度的出台，为技术工人的发展打开了新的发展通道。

记者从省人社厅了解到，江苏已经提前行动。经试点企业遴选推荐、现场评审、社会公示，首批29位特级技师已于近日正式出炉。这些特级技师全部来自生产、科研和技术攻关一线。

打破工人技能等级“天花板”

“本来以为高级技师是我们工人技能等级的‘天花板’，现在有了更高通道，很多工人特别是像我这种工作了几十年的技术工人又有了奔头。”得知自己获评江苏首批特级技师，连云港港口股份有限公司东方港务分公司马腰作业区门机队电气检验员周士皆难掩激动。作为港口大型机电设备、电气控制和故障维修领域的“技术大拿”，周士皆创建的门机模拟操作系统填补了港口行业设备“互联网+”的空白。由他领衔的工作团队先后完成技术改造项目 80 余项，技术培训超千人，获国家实用型专利 4 项，为公司节约资金 500 余万元。他个人也先后获得“国务院政府特殊津贴”“江苏省有突出贡献中青年专家”“江苏大工匠”等荣誉。

记者了解到，获评的首批 29 位特级技师个个都有绝技绝活，是行业领域内的技术技能高手。中电熊猫装备维修电工高级技师陆峻进入公司后从电工干起，近 30 年来潜心钻研技术，解决了公司多个超亿元项目的电气制作安装工艺难点。2017 年在国内第一个成功做出 0. 3 毫米的厚液晶玻璃项目，给客户节省了上千万元，该项目也获得了江苏省科学技术奖，其个人先后获得“全国技术能手”“江苏省有突出贡献中青年专家”“江苏大工匠”等荣誉。

徐州重型机械有限公司企业首席技师孟维先后破解高强钢加工工艺、起重机核心零部件加工等诸多难题，总结发明了140项先进的数控加工方法，8次摘得全国QC项目成果一等奖。

特级技师岗位待遇水平比肩正高

根据人社部《意见（试行)》，聘用到特级技师岗位的人员，比照企业内正高级职称人员，享受同等待遇；首席技师薪酬待遇可参照本单位高级管理人员标准确定或根据实际确定，不低于特级技师薪酬待遇。

记者采访沙钢集团人力资源部的高海雄时，他刚刚修订完公司的厂控职称管理制度，其中重要一项就是明确公司特级技师的薪酬待遇。他表示，公司技术工人的技能等级从技师晋升到高级技师，月技能补贴可增加2000元，特级技师肯定会增加得更多。除了看得见的工资收入，特级技师还意味着更广阔的职业晋升通道。沙钢集团有50多位高级技师，但特级技师只有一位，更高的职业等级意味着更多的晋升机会，在企业内部申报奖项、公司先进，对外申报技能大师、工作室领办人时机会也会更多。

徐工集团党委工作部的沈海蓉也表示，除了正高级工资外，徐工集团还会根据业绩水平对特级技师予以额外的项目工资、考核奖励等。

值得一提的是，聘用到特级技师岗位的人员还可享受疗休养（休假）以及落户、购（租）住房、医疗保障、子女教育等优惠政策。

更多年轻人看到技能成才希望

“此次特级技师评聘并不是单纯的增设技能等级，而是实实在在的技术技能岗位，打通了高技能人才与专业技术人才贯通发展通道。”江苏省职业技能鉴定中心主任杨进保介绍，为充分发挥特级技师在技术攻关、发明创造以及带徒传技等方面的作用，国家要求企业应为特级技师设立技能大师工作室等工作平台，为其开展技术技能革新、工艺流程改进、解决重大技术难题等提供条件。同时企业应根据实际，吸纳特级技师参与科研攻关、重大项目招投标技术评审等工作。

在获评特级技师后，连云港港口集团为周士皆设立了一个工匠学堂，集团内部通过自愿报名的方式，让年轻技术工人脱产 3 年跟着周师傅学技术。“招聘 3

个人，吸引了十几个人竞争，这在以前不敢想。”周士皆兴奋地说。

“以前专业技术人才评职称，技能人才评技能等级是两套各不相同的评价体系、两条相互独立的发展通道，两类人才待遇和地位差别大。贯通两类人才发展通道，特别是要求为优秀技能人才开展技术技能革新、工艺流程改进、解决重大技术难题等提供条件的激励措施，让更多年轻技能人才看到希望。”连云港港口集团人力资源培训发展部主任周超宇表示，特级技师技术等级及其享受的政策待遇，对于推动尖端技能人才脱颖而出，影响和带动一批技能人才实现岗位成长成才具有重要意义。

（黄红芳，《新华日报》，2022 年 4 月 29 日）

安徽省人力资源和社会保障厅
关于贯彻落实《人力资源社会保障部关于健全完善新时代技能人才职业技能等级制度的意见（试行）》的通知

（皖人社秘〔2022〕130号）

各市及广德市、宿松县人力资源社会保障局，各有关单位：

为深入学习贯彻习近平总书记对产业工人队伍建设和技能人才工作重要指示精神，全面贯彻落实《人力资源社会保障部关于健全完善新时代技能人才职业技能等级制度的意见（试行）》（人社部发〔2022〕14号，以下简称《意见》）要求，在全省建立并推行新时代职业技能等级制度，营造有利于技能人才成长和发挥作用的制度环境，现通知如下：

一、切实提高思想认识。《意见》以习近平新时代中国特色社会主义思想为指导，全面贯彻党的十九大和十九届历次全会及中央人才工作会议精神，对健全完善新时代技能人才职业技能等级制度作了全面部署安排，明确了当前技能人才工作的总体要求和重点任务，对于深化技能人才供给侧结构性改革、畅通技能人才职业发展通道、解决结构性就业矛盾具有重要意义。各级人力资源社会保障部门要切实提高思想认识，认真学习领会《意见》精神，落实健全职业技能等级制度体系、完善职业技能等级认定机制、优化职业技能等级认定方式、促进认定结果与培养使用待遇结合等要求，制定推进方案，加强跟踪问效。要聚焦技工强省建设目标任务，围绕重点产业，拉高标杆、对标先进，全面推动新时代技能人才职业技能等级制度实施，为促进我省三次产业高质量协同发展、建设现代化美好安徽提供有力的人才和技能支撑。

二、着力抓好重点工作。一是推动提质扩面。推动以技能人员为主体的规模以上企业全面开展自主评价，支持一线职工人人持证。围绕重点产业和生产制造领域，推荐一批龙头骨干企业，有序推进特级技师评聘。启动首席技师、学徒工评聘工作，逐步扩大试点范围。对无相应国标的职业（工种），支持企业自主开发评价规范。二是完善评价机制。鼓励符合条件的企业扩大评价范围、提升评价等级，积极承担社会评价服务。支持技工院校对接产业发展和用人需求，结合日常表现、课程成绩和实践成绩综合评定学生技能水平，工学一体化专业学生学期考核成绩可直接转化等级评价结果。支持龙头企业、技工院校和行业商协会共同组建技能评价联盟，实行评价结果互认。鼓励支持以赛代评，破格选评优秀技能人才。三是优化评价方式。坚持以用为本，突出能力导向，进一步扩大自主评价权，对职业分类大典未列入但企业生产经营中实际存在的技能岗位，可按照相邻相近原则对应到职业分类大典内职业（工种）实施评价。可根据生产经营特点和岗位条件、职工日常表现、工作业绩等，制定直接认定、破格晋级方案，采取灵活多样方式认定技能等级。鼓励专业技术人才参加技能评价，实行对应专业理论知识免试。四是促进评用结合。充分发挥技能评价对提高培养培训质量的导向作用，推动落实《技能人才薪酬分配指引》，引导企业工资分配和相关待遇向高技能人才倾斜。

三、强化服务保障工作。一是加强组织领导。各地要建立部门协同的工作机制，定期研究解决有关问题。充分调动县级人社部门工作积极性，发挥企业的主体作用，摸清辖区内以技能人员为主体的规模以上企业底数，掌握职工规模、职业（工种）、技能结构等情况，建立企业自主评价服务清单，制定分层分类施策举措。省厅加强全过程跟踪问效，定期调度工作进展。二是强化指导服务。要简化工作程序，采取上门服务、现场办理、网上申报核验、告知承诺等方式，做好备案服务，指导企业加强评价基础能力建设，健全认定流程、评价方式、考评队伍等质量管理制度，编发评价工作指引、指导手册和制度样本，及时提供评价技术支持服务。三是加大宣传引导。采取多种形式，深入宣传习近平总书记对技能人才的关心关怀，解读新时代技能人才职业技能等级制度，提高政策知晓度。认真总结推广企业自主评价典型做法，重点宣传评价示范企业和一线职工技能成才、技能报国的励志事迹，讲好安徽“匠才”故事。

联系人及联系方式（略）。

2022 年 6 月 2 日

安徽7名工匠获评全国首批首席技师

为贯彻落实习近平总书记关于产业工人队伍建设和技能人才工作的一系列重要指示精神，充分发挥技能人才在经济社会高质量发展中的重要作用，省人社厅着力释放省部合作先行先试优势，启动实施企业“新八级工”制度试点。近日，首批遴选的两家试点企业——中能建建筑集团有限公司、淮南矿业（集团）有限责任公司7名工匠获评全国首批首席技师。

此次获评的7名首席技师均来自生产一线，涉及电工、汽轮机安装、热工仪表控制、焊接、矿井通风操作等工种，在各自领域做出了重大贡献，是本地区、本行业企业公认具有高超技能、精湛技艺的高技能人才杰出代表。

首席技师是目前职业技能等级设置中的最高技能

等级。在高技能人才中设立特级技师、首席技师岗位（职务）序列，充分彰显了以习近平同志为核心的党中央对技能人才队伍建设工作的高度重视和关心，有利于推动拔尖领军技能人才脱颖而出，畅通技能人才职业发展通道，吸引更多优秀劳动者从事技术技能岗位工作，激励广大技能劳动者走技能成才、技能报国之路。

近年来，我省深入探索技能人才成长发展规律，硬核推进高技能人才培养工作，技工大省建设取得积极成效，技工强省建设有序推进。下一步，全省人社部门将全面落实新时代技能人才职业技能等级制度和省部合作协议要求，聚焦服务发展保障民生，大力提高技能人才供给，发挥技工强省对三次产业高质量协同发展的支撑作用，促进劳动者高质量就业。

（安徽省技能人才管理服务中心，安徽省人力资源和社会保障厅门户网站，2022 年 9 月 21 日）

贵州省人力资源和社会保障厅关于开展特级技师评聘试点工作的通知

（黔人社通〔2021〕189 号）

各市、自治州人力资源和社会保障局，各有关行业主管部门，中央驻黔、省属企业人力资源部门：

为加强高技能人才队伍建设，拓展技能人才职业发展通道，根据《人力资源社会保障部办公厅关于开展特级技师评聘试点工作的通知》（人社厅发〔2021〕66 号）要求，现就开展特级技师评聘试点工作有关事项通知如下：

一、总体要求

以习近平新时代中国特色社会主义思想为指导，认真贯彻落实习近平总书记在中央人才工作会议上的重要讲话精神、对技能人才工作的重要指示精神和视察贵州重要讲话精神，围绕“四新”主攻“四化”，健全技能人才培养、使用、评价、激励制度，充分发挥高素质技术技能人才、能工巧匠、大国工匠在我省经济社会高质量发展中的重要作用，畅通技能人才职业发展通道，提高其社会地位和待遇水平，为健全完善职业技能等级制度奠定基础。

二、试点范围

（一）企业范围。经省级人社部门备案开展职业技能等级认定的企业。备案的中央企业分公司、子公司由中央企业统筹确定。

（二）职业（工种）范围。企业可选择与本企业专业技术人才实现职业发展贯通的工程技术类等职业（工种）先行试点。

三、岗位条件

特级技师是在高技能人才中设置的高级技术职务（岗位），应为企业生产科研一线从事技术技能工作并具备相应条件的优秀高技能人才。

（一）基本条件：

1. 模范遵守国家法律法规和企业规章制度，具备良好的职业道德和工匠精神，爱岗敬业、甘于奉献，公认度高；

2. 具有高级技师职业资格或职业技能等级，并在高级技师岗位工作满 5 年且仍从事本职业（工种）工作；

3. 职业技能水平高、业绩贡献突出并在某一生产工作领域具有独特先进的操作技术方法，或在开发应用先进科学技术成果并将其转化为现实生产力方面、在技术革新和技术改造中创造效益并作出突出贡献，或在带徒传技等方面业绩突出；

4. 具有适应工作岗位需要的身体条件。

（二）具备基本条件并符合下列条件之一者优先考虑：

1. 中华技能大奖获得者；

2. 享受国务院颁发的政府特殊津贴技能人才；

3. 全国技术能手；

4. 国家级技能大师工作室带头人；

5. 获得省部级、中央企业及以上技能大师类称号者；

6. 享受省政府特殊津贴的技能人才；

7. 获得世界技能大赛、中华人民共和国职业技能大赛各赛项金牌、银牌、铜牌的选手，其他全国一类职业技能竞赛各赛项金牌、银牌、铜牌（或一、二、三等奖）的选手。

四、评审办法

遵循客观、公正、科学、规范的原则，按照以下步骤组织开展评审工作。

（一）制定方案。企业按照本通知要求结合实际制定工作方案，明确评审职业（工种）范围、评审条件、评审方式、组织形式、时间安排等，并向全体职工公开。

（二）组织评审。对符合资格条件者，原则上由企业考评机构自主组织或委托行业组织评审，提出特级技师建议人选名单。

（三）公示核准。建议人选名单须在企业内进行公示，公示期不少于 5 个工作日。经公示无异议的，由企业确定特级技师人员名单并颁发证书。证书样式和编码分别按照附件 1 和附件 2 要求确定，证书编码中第 16 位为大写英文字母 T。

（四）任职聘用。企业应与特级技师签订聘任协议，明确双方责任、权利、义务等。同时，企业按有关要求和程序，及时按规定上传特级技师数据信息，纳入全国职业技能等级证书查询系统。

五、相关政策

（一）企业应为特级技师设立技能大师工作室等工作平台，为其开展技术技能革新、工艺流程改进、解决重大技术难题等提供条件，充分发挥其在技术攻关、发明创造以及带徒传技等方面的作用。企业应根据实际，吸纳特级技师参与科研攻关、重大项目招投标技术评审等工作。

（二）聘用到特级技师岗位的人员，可比照本企业正高级职称人员享受相关待遇。可结合实际情况，按规定享受疗休养（休假）以及落户、购（租）住房、医疗保障、子女教育等方面的政策。

六、工作要求

（一）加强组织领导。请有关部门和单位于 11 月 30 日前将试点申请（含企业名单）报省职业技能鉴定考评指导中心备案后组织开展试点，今年内完成试点工作。鼓励龙头企业、大型企业等积极组织开展试点。试点企业所在地人社部门要加强统筹协调，对企业试点过程中遇到的困难和问题及时向省人力资源社会保障厅汇报，省人力资源社会保障厅将点对点开展服务。

（二）健全评审制度。各市（州）、各有关部门要指导开展特级技师评审的企业，坚持以用为本，科学制定实施方案，合理确定结构比例，对评审标准、评审程序、评审办法和配套措施作出具体规定，精心组织实施，自觉接受本企业职工监督。

（三）确保评审质量。设立特级技师，不是高级技师的普遍晋升，要从严掌握，稳妥开展，确保质量。对本通知印发前已开展特级技师评审工作的，可按本通知有关要求进行复核确认。要切实发挥特级技师作用，落实相关待遇政策。

（四）加强监督管理。各市（州）、各有关部门和企业要加强对特级技师评审工作的监督管理，建立退出机制。对申请人或申报单位弄虚作假的，应取消其参加本年度评审资格，五年内不得申请或参与特级技师评审申报工作。

附件：1. 特级技师证书参考样式

2. 特级技师证书编码规则

2021 年 10 月 29 日

附件 1

特级技师证书参考样式

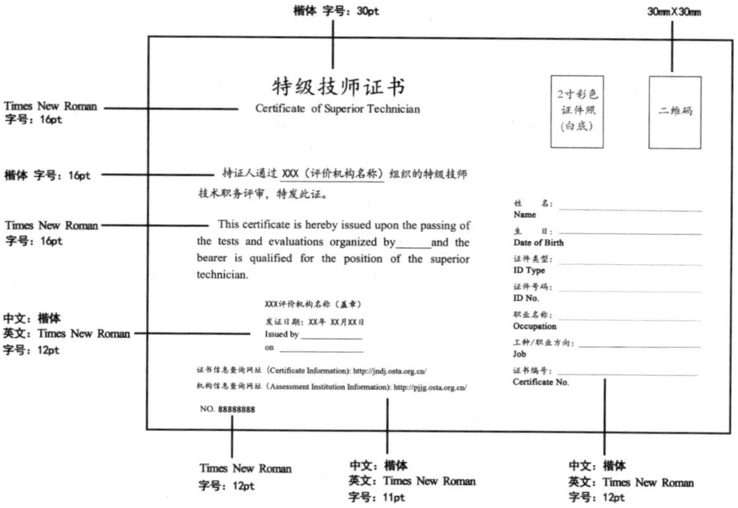

附件 2

特级技师证书编码规则

特级技师证书编码由 2 位大写英文字母和 20 位阿拉伯数字组成，主要包括 7 个部分：1. 评价机构类别代码；2. 评价机构代码；3. 评价机构（站点[1]）所在地省级代码；4. 评价机构（站点）序列码；5. 证书核发年份代码；6. 职业技能等级代码；7. 证书序列码。其中，第1-4部分由人力资源社会保障部门赋码，第5-7部分由评价机构赋码。具体表现形式见下表。

表　证书编码构成

<table>
<tr><td>序号</td><td>1</td><td>2</td><td>3</td><td>4</td><td>5</td><td>6</td><td>7</td><td>8</td><td>9</td><td>10</td><td>11</td><td>12</td><td>13</td><td>14</td><td>15</td><td>16</td><td>17</td><td>18</td><td>19</td><td>20</td><td>21</td><td>22</td></tr>
<tr><td>说明</td><td>评价机构类别代码</td><td colspan="4">评价机构代码</td><td colspan="2">评价机构（站点）所在地省级代码</td><td colspan="6">评价机构（站点）序列码</td><td colspan="2">证书核发年份代码</td><td>职业技能等级代码“T”</td><td colspan="6">证书序列码</td></tr>
<tr><td>来源</td><td colspan="13">人力资源社会保障部门确定</td><td colspan="9">评价机构确定</td></tr>
</table>

① 注：指在人力资源社会保障部备案的中央企业子公司、分公司和社会培训评价组织的考核站点。

贵州省颁发首批职业技能等级证书

2020年3月20日，贵阳市城市轨道交通集团有限公司500名员工获得贵州省首批职业技能等级证书，这标志着贵州省企业技能人才职业技能等级认定工作正式实施。据了解，开展企业技能人才职业技能等级认定工作，是贯彻落实党中央、国务院“放管服”改革要求，服务企业转型升级、实现高质量发展的重要支撑。此次颁发职业技能等级证书，意味着职业技能评价主体从政府向用人单位的转变，充分发挥了用人单位的主体作用，拓展了技能人才成长通道，对推动技能提升行动，弘扬劳模精神和工匠精神，培养知识型、技能型、创新型劳动者具有重要意义。

职业技能等级认定是指经过人力资源社会保障部门备案的评价机构依据相关要求，对劳动者技能水平进行认定的行为，是一种与职业资格评价并行的技能人才评价方式，职业技能等级一般分为初级工（五级）、中级工（四级）、高级工（三级）、技师（二级）和高级技师（一级）五个级别。评价机构按照“谁评价、谁发证、谁负责”原则，对于规范认定且评价合格的人员，颁发职业技能等级证书，与国家职业资格证书一样纳入技能人才统计，落实相关政策，兑现相应待遇。

2019 年底，根据人力资源社会保障部安排部署，贵州省启动了企业职业技能等级认定试点工作，经企业自主申报、现场核查、专家技术评估，最终确定了贵阳市城市轨道交通集团有限公司等 19 家企业为贵州省第一批职业技能等级认定试点单位。据贵州省人力资源和社会保障厅相关负责人介绍，贵州省将在试点基础上，全面启动技能人才等级认定工作，将符合条件的用人单位和社会培训评价组织纳入技能等级评价机构范围。同时，人力资源社会保障部门将采取“双随机一公开”和“互联网+监管”等方式，加强对评价机构及其评价活动的监督管理，对违反有关规定的评价机构，取消其评价资格。

贵州省职业技能等级认定试点机构汇总表（中央企业）

序号	企业名称	机构备案码
1	中铁五局集团有限公司	Y000852001001
2	中车贵阳车辆有限公司	Y000252001002
3	中国石油天然气股份有限公司贵州销售分公司	Y000152001003
4	航天江南集团有限公司	Y001552001004
5	中国石化销售股份有限公司贵州石油分公司	Y000352001005
6	中交资产管理有限公司	Y000652001006
7	中国贵州航空工业（集团）有限责任公司	Y001052001007
8	贵州高峰石油机械股份有限公司	Y001652001008

贵州省职业技能等级认定试点机构汇总表（省属企业）

序号	企业名称	机构备案码
1	贵州钢绳（集团）有限责任公司	Y000052002001
2	贵州燃气集团股份有限公司	Y000052002002
3	中国电建集团贵州工程有限公司	Y000052002003
4	首钢水城钢铁（集团）有限责任公司	Y000052002004
5	贵州豫能投资有限公司	Y000052002005
6	贵州磷化（集团）有限责任公司	Y000052002006
7	贵阳市城市轨道交通集团有限公司	Y000052002007
8	中国振华电子集团有限公司	Y000052002008
9	贵州酒店集团有限公司	Y000052002009
10	中国航发贵州黎阳航空发动机有限公司	Y000052002010
11	贵州茅台酒股份有限公司	Y000052002011

（姚东，天眼新闻，2020 年 3 月 20 日）

企业实践

中国船舶集团成为首家特级技师评聘试点单位

人力资源社会保障部制定出台《关于开展特级技师评聘试点工作的通知》，标志着我国在“五级工”之上再设特级技师岗位等级，向全社会释放明确信号，在技能人才队伍中引起高度关注并产生广泛影响。

通知发布后，中国船舶集团第一时间对照文件要求，积极谋划开展特级技师评聘试点工作，集团公司党组审议出台《职业技能等级认定管理办法》，进一步明确以“特级技师”为塔尖的六个技能等级，第一时间制定特级技师评聘工作方案，积极向人力资源社会保障部申报特级技师评聘试点。同时部署了2021年特级技师评审工作，2021 年计划增加 80 名左右特级技师。

以特级技师评聘为先导，打破技能人才评价“天花板”

集团公司党组高度重视技能人才工作，将技能人才队伍建设作为实施高质量发展、推动产业转型升级、提升企业自主创新能力的重要支撑，建立完善了“技能等级路线、专家培养路线、荣誉提升路线”三通道并举的技能人才发展体系，健全技能人才培养、使用、评价和激励制度，以特级技师队伍建设为先导，明确特级技师“塔尖”人才定位，聚焦主要矛盾，聚合优势资源，补齐短板，满足需求，带动技能队伍梯次发展，进一步形成一支数量充足、技能精湛、结构不断优化的技能人才队伍。

不断弘扬工匠精神，打造技能人才培养新模式

集团公司聚焦船舶行业特有工种和复合型技能人才培养要求，建立以岗位为基础，打破“唯学历、唯身份、唯年龄、唯成果”的评价标准，建立鲜明的品德、能力和业绩导向机制，确保评审质量，坚持特级技师不是高级技师的普遍晋升，而是从具有高超技能并作出突出贡献的高级技师中考评和聘任。通过制度创新、系统推进、狠抓落实，不断完善考核评价制度，畅通职业发展通道，提高技能人才待遇，切实增强技能人才荣誉感、自豪感、获得感，努力培养造就一支知识型、技能型、创新型高技能人才队伍，为中国船舶集团高质量发展提供坚实技能人才支撑。

（中国船舶集团有限公司官网，2021 年 9 月 28 日）

弘扬工匠精神　聚焦价值创造
——兵器工业集团持续推进军工职业技能人才队伍建设

中国兵器工业集团有限公司（以下简称兵器工业集团）是国家安全和三军装备发展的基础、陆军装备研制生产的主体、三军毁伤打击和信息化装备发展的骨干、国家实施“走出去”和“一带一路”倡议的支撑以及国家推进军民融合深度发展的主力。党的十八大以来，兵器工业集团主动适应新常态，连年圆满完成“稳增长”目标任务，利润总额持续保持两位数增长，经营规模在军工集团中名列前茅，连续4个任期13年蝉联国务院国资委业绩考核A级，并荣获“业绩优秀”“科技创新”“节能减排”三项任期特别奖，2017年世界500强排名位列第135位。

近年来，兵器工业集团认真贯彻落实中央《关于深化人才发展体制机制改革的意见》以及人社部关于技能人才队伍建设的有关政策，在畅通通道、提升素质、激发动力等方面主动作为，先行先试。

目前，兵器工业集团拥有约13万技能人员，约5万高技能人才，高技能人才占技能人员总数的38%。集团公司党组直接管理的高层次技能人才160名，其中中国兵器首席技师13名、关键技能带头人147名。

兵器工业集团拥有11名中华技能大奖获得者，100余名全国技术能手，表彰总数位居中央企业前列；享受国务院政府特殊津贴56人，占高层次技能人才总数的35%；有十九大代表3名，“大国工匠”3名，省级以上技能大师工作室41家，其中国家级技能大师工作室17家，省级技能大师工作室24家。

一、畅通“两纵两横”发展通道，明确培养目标

第一，健全“中国兵器首席技师-中国兵器关键技能带头人-子集团和直管单位级技能带头人-子集团和直管单位级技能骨干”“高级技师-技师-高级工-中级工-初级工”两条纵向发展通道。明确各层级岗位任职资格条件和待遇，指导各单位进一步细化岗级，形成

“分层多级”式的技能人才职业发展通道。引导技能人才参加相近、相关职业（工种）的技能鉴定，培养“一专多能”型技能人才。

第二，打破固有界限，贯通“技能-技术”“技能-管理”两条横向发展通道，确保技能人才职业发展“边界”够宽、“头顶”够高，掀掉“天花板”，拆除“隔离墙”。自2014年起，允许理论水平较高、技术创新能力强的技能人才参评专业技术系列职称，78%的高层次技能人才同时拥有职业资格等级和专业技术职务，其中正高级职称19人，副高级职称107人，其他34人。

二、推行“五级五型”培训体系，提升素质能力

第一，保障一线职工培训经费，构建技能人才培训体系。集团公司直接拨付人才发展专用资金用于优先保障技能人才培训经费，每年资助金额约400万元，全集团职工培训经费60%以上用于一线职工的培养，同时构建技能人才“五级五型”培训体系，即根据不同层级的技能人才，差别化、个性化开展不同类型的培训内容，将职业培训持续贯穿技能人才职业发展和成长成才的全过程，形成了技能大师讲坛、高技能人才创新力提升、先进制造技术、重点工种技能专项、大学生班组长等特色培训项目。

第二，依照“中国制造 2025”国家战略、“一带一路”、军民融合等开展培训工作。一是针对高技能人才开展境外研修，围绕制约“兵器制造 2025”的技术瓶颈问题，提升高端装备智能制造水平，每年坚持组织 2~3 期境外研修培训，赴德国学习先进制造技术、柔性生产线、工业机器人等内容，高技能人才出国人数占集团公司年度组织出国研修培训总人数的 30%。二是紧紧围绕提升国际化经营能力，服务国家“一带一路”建设开展培训工作。针对海外派出员工，以阿联酋、泰国、肯尼亚、法国为集训地点实施专业化培训；针对沙特、缅甸、老挝、巴基斯坦、埃塞俄比亚等海外项目聘用的员工，实施属地化培训；针对南苏丹、委内瑞拉、卢旺达、缅甸、老挝等海外项目合作伙伴实施引进来培训，累计已培训 4.3 万人次。三是发挥兵器工业集团自身亦军亦民的独特优势，以“装备使用、维修保障人才”为重点，探索军地人才协作培养和成果共享，提升部队保障力和战斗力，联合中央军委装备发展部开展首届军民融合职业技能竞赛，来自兵器工业集团以及四大军种下属的36个装备单位，共24支参赛队，围绕焊工、冷作钣金工、无损检测员三个工种，采取战地抢修模拟竞赛形式进行同场竞技，提升了装备技术保障人才理论和实操水平。围绕装备交接、列装、维修、使用等环节为军队提供各类技术保障培训，提升军民一体化装备技术保障能力。

第三，开辟多种途径，创新培养方式，注重校企合作、以赛带训。一是充分发挥行业内部高技能人才培训基地、技师院校、技能鉴定站的作用，整合培训资源，加强实训场地、师资团队、教材课程等培训能力建设工作，形成了一支内外结合、水平精湛的师资团队，拥有各类师资200余名，开发2 200册兵器特有工种培训辅导教材，开发人力资源信息化管理系统，对培训进行大数据分析，实现精准培训。二是建立“校企双制、一徒多师”的新型技能人才培养模式，根据个人培养目标，与本单位科技专家、高技能人才或院校导师签订师徒协议，建立“优秀青年技能人才库”，进行跟踪培养；建立“导师带徒”制度，形成“徒弟受奖，师傅受益”的机制，发挥好传帮带作用。三是将职业技能竞赛搭建成岗位练兵、全员培训、技术交流、改善创新的平台，2003 年以来通过竞赛累计培训 70 万人次，组织技术交流 100 余场，收集各类创新成果 1 万多项，更加关注价值创造和推动实际工作的能力，在改善质量、提高效率、降低成本方面取得明显效果，在竞赛中成绩优秀的获奖选手可直接晋升技师、高级技师职业资格。

三、坚持“两大优先”激励机制，实现训用结合

第一，优先落实高层次技能人才待遇。首席技师和技能带头人实施岗位绩效工资制，薪酬结构主要由岗位工资、绩效工资、技能津贴和专项奖励等组成。首席技师的岗位工资为所在单位领导班子基本年薪的 0.6~1.0 倍，技能带头人的岗位工资为所在单位领导班子基本年薪的 0.4~0.8 倍。绩效工资根据年度岗位履职和日常工作任务完成情况考核发放，上不封顶、下不保底。履职待遇上，首席技师参照所在单位领导班子副职标准执行，关键技能带头人参照所在单位领导班子助理级标准执行。

第二，优先推荐荣誉和表彰候选人。集团公司已累计发放约 558 万元奖金用于评选“兵器工业技术能手”“兵器工业青年岗位能手”，开展“兵器工业技能创新奖”“特色操作法”评比。同时弘扬“把一切献给党”的人民兵工精神，实施评选“兵器劳模”“兵器大工匠”等计划，累计发放奖励约 250 万元。

（安伟时，《职业》，2018 年）

中国中铁股份有限公司特级技师、工匠技师职业资格评审暂行办法

第一章 总 则

第一条 为进一步深化推进人才强企战略，加强股份公司技能人才队伍建设，畅通技能人才队伍的发展通道，依据《中国中铁股份有限公司关于进一步加强技能人才队伍建设的指导意见》（中铁股份劳社〔2017〕59号）要求，制定本办法。

第二条 特级技师和工匠技师评审坚持公开平等、突出业绩、注重技能的原则，促进企业高技能人才结构更加科学合理，带动各等级技能人才队伍的梯次发展。

第三条 参加评审特级技师、工匠技师的职业（工种）应在本企业“主要专业工种指导目录”范围内。

第二章　工作机构和职能分工

第四条　股份公司高技能人才考核委员会负责特级技师、工匠技师评审工作，每年组织一次，日常业务由股份公司劳资社保部负责。

第五条　各二级企业高技能人才评审委员会负责评审推荐特级技师、工匠技师。

第三章　申报条件

第六条　申报特级技师的基本条件：

一、取得高级技师职业资格后，被聘任相应岗位上并连续从事本职业（工种）工作满3年；

二、高级技师年度及聘期考核为优秀；

三、精通本职业（工种）的专业理论知识，具有丰富的实践经验和高超的技能水平，能够解决本职业（工种）技术难题，在培养后备技能人才、传授技艺方面做出重要贡献。

第七条　除以上基本条件外，申报特级技师同时应具备以下条件之一：

一、任高级技师期间工作业绩突出，在开展技术革新、技术攻关等方面有重要贡献，技术成果转化取得一定的经济效益和社会效益，在二级企业或股份公司具有较高知名度和影响力；

二、获得全国、省部级技术能手或股份公司技术标兵、技术能手荣誉称号，中国中铁十大专家型职工；

三、获得全国、省部级、股份公司级、二级企业级劳动模范或先进生产者（工作者）荣誉称号；

四、近五年内，取得由企业组织参加的国家一级技能竞赛前 20 名，或二级技能竞赛前 15 名获奖者，或省部级技能竞赛前 15 名获奖者，或股份公司技能大赛前 10 名获奖者，或股份公司备案的二级企业技能大赛前 3 名获奖者；

五、获得与本人专业特长相符的，国家实用新型专利 3 项以上或国家授权发明专利 1 项；

六、获总公司科技进步二等奖及以上的主要完成者。

第八条 申报工匠技师的基本条件：

一、取得高级技师职业资格后，在相关岗位上被聘任并连续从事本职业（工种）工作满 5 年，或取得本企业特级技师职业资格后，在相关岗位上被聘任并连续从事本职业（工种）工作满2年；

二、高级技师或特级技师年度及聘期考核为优秀；

三、技能水平在本职业（工种）内处于领先水平，能够解决本职业（工种）关键性的技术难题，在培养后备技能人才、传授技艺方面做出突出贡献。

第九条 除以上基本条件外，申报工匠技师同时应具备以下条件之一：

一、任高级技师或特级技师期间工作业绩突出，掌握本职业（工种）的先进技术，在技术革新、技术攻关等方面有突出贡献，有重大发明创造或重大技术革新成果，重大技术成果转化取得显著的经济效益和社会效益，在股份公司或本行业中具有较高知名度和影响力；

二、享受国务院政府、省政府特殊技能津贴的高技能人才，或获得中华技能大奖、全国技术能手荣誉称号，或获得省部级首席技师、技术能手、工匠类荣誉等称号，或获得股份公司技术标兵；

三、获得全国、省部级、股份公司级劳动模范或先进生产者（工作者）荣誉称号；

四、近五年内，取得由企业组织参加的国家一级技能竞赛前 15 名，或二级技能竞赛前 10 名获奖者，或省部级技能竞赛前 5 名获奖者、股份公司技能大赛前 3 名获奖者；

五、获得国家发明专利证书的发明人；

六、获国家级、省部级科技进步二等奖及以上，或总公司科技进步一等奖及以上的主要完成者。

第四章　申报和推荐程序

第十条　特级技师和工匠技师的评审，采取个人申报、组织推荐的方式进行。

第十一条　申报人员对照本办法规定认为符合申报条件等规定时，可申报特级技师和工匠技师任职资格的评审，并按规定填报评审材料。

第十二条　三级企业负责对申报人员的材料收集汇总和初审，并将初审合格的人选上报二级企业。

第十三条　申报特级技师和工匠技师任职资格的评审，应报送以下材料：

一、评审表（见附件 1）；

二、推荐表（见附件 2）；

三、身份证复印件；

四、高级技师资格证书或特级技师任职资格文件；

五、中专及以上所有学历证书复印件；

六、本人解决的技术难题、技术革新（攻关）成果、聘期考核结果等证明材料，证明材料必须由申报人员所在基层单位（项目部、专业化公司等）出具，申报人员所在三级企业负责审查核实并加盖公章；

七、本人发明专利证书、获奖证书、导师带徒协议、徒弟获奖证书等其他证明材料，申报人员所在三级企业负责审核原件，并在复印件上加盖公章。

第十四条 二级企业召开评审推荐会议对申报人员进行评审推荐。在推荐到股份公司参加评审之前，应将申报人员的《特级技师任职资格评审推荐表》或《工匠技师任职资格评审推荐表》在其所在三级企业及二级企业进行公示，公示时间不少于五个工作日，公示无异议后方可推荐股份公司参加评审。

第五章 评 审

第十五条 特级技师、工匠技师评审工作一般每年举行一次。股份公司高技能人才考核委员会每年成立评审委员会，评审委员会的评委须达到 11 人及以上，下设评审小组，评审小组评委不少于3人。各评审小组评委应具有高级及以上专业技术职务或特级技师及以上职业资格，并由股份公司根据当年参评对象的专业分布和数量，从高技能人才评审专家库中抽取。

第十六条 股份公司评审委员会必须严格按照评审程序的有关规定，坚持“客观公正、实事求是”的原则，开展评审工作。评审程序主要包括：

一、召开预备会议。学习有关政策，介绍参评基本情况，研究评审小组分工和时间安排。

二、评审小组初评。各评审小组审阅申报材料，对参评人员的技能水平和业绩成果等情况进行评议，提出初评意见。

三、评审委员会审议。评审委员会在听取评审小组初评意见的基础上，根据参评对象的技能水平、业绩、成果进行充分讨论，发扬民主，全面衡量，综合评价。

四、评审委员会表决。采用一人一票、无记名投票的方式进行一次性表决，获得出席委员的三分之二及以上赞成票的，参评人员的职业资格方可通过。

五、公布评审结果。评审委员会应对评审会议情况出具书面意见，并在每个参评人员的《评审表》中填写具体评审意见及投票结果。将评审结果上报股份公司高技能人才考核委员会，经委员会主任签字审批同意后，由股份公司发文公布任职资格。

第六章　附　　则

第十七条　评审实行回避制度。参评人员及其亲属不得作为评委参加当年的推荐、评审工作。

第十八条　对于在评审推荐过程中弄虚作假、徇私舞弊的单位和个人，将按有关规定进行处理；对于虚报、伪造资历、业绩，以及剽窃他人成果者，一经核实，除取消当年评审资格外，两年内不得申报，并在一定范围内予以通报批评。

第十九条　本办法自公布之日起实施。

第二十条　本办法由股份公司劳资社保部负责解释。

附件：1. 评审表（略）

　　　2. 推荐表（略）

中国五矿集团公司首批首席技师、特级技师评聘工作方案

为深入贯彻落实中央人才工作会议精神，扎实推进集团公司人才强企行动计划，加强集团公司高技能人才队伍建设，健全高技能人才管理体系，畅通职业发展通道，充分发挥高技能领军人才示范引领作用，助力集团公司高质量发展，根据《人力资源社会保障部关于健全完善新时代技能人才职业技能等级制度的意见（试行）》（人社部发〔2022〕14号）、《人力资源社会保障部办公厅关于开展特级技师评聘试点工作的通知》（人社厅发〔2021〕66号）精神，党组组织部（人力资源部）将在集团公司范围内开展首批首席技师、特级技师评聘工作。结合集团公司高技能人才队伍建设实际需要，制定本工作方案。

一、工作背景

截至2020年底，集团公司技能人员在岗职工近5万人，高级工及以上高技能人才占技能人员总数的34%。在集团公司高技能人才队伍中，已有中华技能大奖获得者3人，全国技术能手86人，世界技能大赛金牌选手3人、国赛金牌选手2人，享受国务院政府特殊津贴26人，直管企业自主评选首席技师累计40人次。集团公司及所属直管企业累计建设世赛集训基地4个，国家级技能大师工作室6个，省级技能大师工作室10个，高技能人才培训基地10个，为高技能人才培养提供了有力支撑。

2021年，集团公司获得人力资源社会保障部备案批准具备职业技能等级认定工作资质，可在备案范围内开展高级技师、技师、高级工、中级工、初级工的技能等级认定。根据人力资源社会保障部关于健全职业技能等级（岗位）序列相关政策精神，集团公司可在备案基础上自主开展首席技师、特级技师评聘工作。首席技师、特级技师队伍的建立，将进一步健全集团公司技能人才管理体系，激发人才活力，引领高技能人才梯队建设，有力支持集团公司高质量发展。

二、总体思路

（一）指导思想

以习近平新时代中国特色社会主义思想为指导，全面贯彻党的十九大和十九届历次全会以及中央人才工作会议精神，认真落实习近平总书记关于产业工人队伍建设和技能人才工作的系列重要指示精神，按照集团公司“十四五”人力资源规划，以助力产业创新发展为引领，以职业分类为基础，以科学评价为核心，以促进技能人才开发使用为目的，积极推进首席技师、特级技师评聘工作，健全高技能人才评价、培养、使用和激励制度，畅通技能人才职业发展通道，加快培养造就具有工匠精神、爱岗敬业、技艺精湛，能够熟练掌握现代施工生产操作技术、善于解决技术难题的专家型技能人才队伍，为打造世界一流金属矿产企业集团奠定坚实的人才基础。

（二）基本原则

首席技师、特级技师评聘工作坚持“党管人才、服务战略，科学规范、客观公正，以德为先、注重实绩，择优选聘、动态管理”的原则。

（三）工作目标

首席技师、特级技师是在高技能人才中设置的高级技术职务（岗位），在设有高级技师的职业（工种）领域中设立。本次评聘工作将产生集团公司首批首席技师和特级技师，首席技师评聘将围绕集团公司金属矿产、冶金建设两大核心主业进行，首批人数3~5人；特级技师选聘将围绕勘探、采矿、选矿、金属冶炼与加工、建筑安装、机械制造、电气等专业领域的关键生产环节进行，首批人数40人左右。

三、评聘工作

集团公司首批首席技师、特级技师评聘工作由集团公司统一开展，党组组织部（人力资源部）归口管理，通过发布通知、人选推荐、资格复审、专业评审、讨论决定、信息公示、任职聘用等程序产生。党组组织部（人力资源部）负责牵头组建集团公司职业技能等级认定高级评审委员会（以下简称评委会），评委会负责对首席技师、特级技师申报人员进行专业评审并提出初步建议人选。评聘工作主要内容如下。

（一）评审机构

职业技能等级认定高级评审委员会由25人构成，设主任委员1人，由集团公司分管领导担任；副主任委员2人，由集团公司工会主席、党组组织部（人力资源部）负责人担任；委员由具备相应条件的内、外部专家组成。党组组织部（人力资源部）组织相关单位对委员人选进行推荐，并提出初步人选建议，按流程报批。

（二）申报条件

1. 基本条件

（1）坚持党的领导，具有良好的政治素质，模范遵守国家法律法规和企业规章制度，坚持集团公司核心价值观和企业精神。

（2）具备良好的职业道德和工匠精神，爱岗敬业、甘于奉献，公认度高。

（3）长期从事且仍在生产一线岗位工作，距离法定退休年龄不少于 4 年。

（4）身心健康，能胜任生产一线技能操作岗位工作需要。

（5）近 3 年内未因重大安全、环保、质量、保密等责任事故（事件），承担主要责任或受到党纪政纪处分。

2. 首席技师资格条件

根据人社部关于首席技师评聘的相关政策，结合集团公司技能人才队伍实际，选拔集团公司核心主业领域的高技能领军人才，本次拟从"中华技能大奖"获得者范围内产生首批集团公司首席技师，同时应具备以下条件：

（1）在技术技能领域做出重大贡献，或是在本地区、本行业企业具有公认的高超技能、精湛技艺的"高技能领军人才"。

（2）为集团公司、行业企业高技能人才队伍建设做出突出贡献。

（3）为重大技术攻关、技术创新与发明、成果转化等做出突出贡献，在集团公司、行业企业的技术进步与发展中发挥关键作用，专业水平在集团公司、行业企业具有很高认可度和影响力。

3. 特级技师资格条件

（1）具有高级技师职业资格或职业技能等级，并在高级技师岗位工作满 5 年，且仍从事本职业（工种）或相关职业（工种）工作。

（2）职业技能水平高超，能够熟练运用专门技能和特殊技能在本职业的各个领域完成复杂的、非常规性工作，并在某一生产工作领域具有独特先进的操作技术方法。

（3）精通本职业及相关职业的重要理论原理及关键技术，能够独立处理和解决高难度的技术问题或工艺难题，在开发应用先进科学技术成果并将其转化为现实生产力以及技术革新、技术改造等方面创造效益并做出突出贡献。

（4）承担带徒传技的任务，在高技能人才队伍梯队建设上做出突出贡献。

（5）同等条件下，申报人符合以下条件之一者优先考虑：获得“全国技术能手”、省部级技术能手荣誉称号；享受政府特殊津贴；国家级、省级技能大师工作室带头人；获得省部级技能大奖及省部级工匠荣誉称号等。

对于在本方案颁布前，已自行开展高级技师以上评审工作的直管企业，按照本方案特级技师申报条件要求，将符合条件的人员通过复核确认方式认定为集团公司特级技师。

（三）评审内容

集团公司坚持品德、能力与业绩贡献的人才评价导向。坚持把品德作为技能人才评价的首要内容，全面考察技能人才的工匠精神、职业道德、职业操守和从业行为，强化社会责任。能力和业绩贡献是重要考察内容，主要从专业技术能力、技术革新贡献、人才培养成效和成果转化应用等4个方面进行考察评价。

1. 专业技术能力，主要考察申报人员技术技能水平，创新成果、发明专利及获奖情况，在某一生产领域总结出先进的操作技术方法，个人掌握绝招绝技等情况。

2. 技术革新贡献，主要考察申报人员在技术改造、技术创新、攻克技术难关等方面，做出的突出贡献，取得经济效益和社会效益等情况。

3. 人才培养成效，主要考察申报人员在技能人才培养及人才队伍建设方面做出的重要贡献。

4. 成果转化应用，主要考察申报人员在科研创新项目中所做贡献，或在开发推广应用新技术、新工艺等方面做出的突出贡献。

（四）评审程序

1. 发布通知

党组组织部（人力资源部）发布评审通知，启动评聘工作。

2. 人选推荐

采取个人申报、组织推荐等方式开展。直管企业组织人事部门对申报人资格条件、政治表现、道德品行、廉洁从业等情况进行审查，并对申报人进行综合评价，经公示无异议后，将推荐人选材料报送至党组组织部（人力资源部）。

3. 资格复审

党组组织部（人力资源部）负责对推荐人选资格条件进行复审。

4. 专业评审

评委会委员可根据专业领域分组，组织申报人述职答辩并进行初评，形成推荐人选报评委会。评委会对各组推荐人选进行综合评审，拟定初步建议人选。

对于首席技师和通过复核确认方式认定的特级技师申报人员，不经过分组答辩及初评，直接进入评委会综合评审环节。

5. 讨论决定

根据推荐、评审情况，将初步建议人选提交集团公司人才工作领导小组讨论研究后报集团公司党组批准。

6. 信息公示

根据集团公司党组审批意见，对拟聘人选进行公示。

7. 任职聘用

对于公示无异议的人选，颁发职业技能等级认定证书，办理聘任手续。

四、聘期管理

（一）聘任周期

集团公司首席技师、特级技师实行聘任制动态管理，聘期一般为 4 年。聘任期满根据工作需要和考核情况可以续聘，续聘人员距法定退休年龄不足一个聘期的，可续聘至退休。

（二）签订《聘期任务书》

首席技师与集团公司签订《聘期任务书》，特级技师与直管企业签订《聘期任务书》，约定聘期内工作任务、目标要求、工作条件、保障措施，以及保密和竞业限制等内容。首席技师聘期任务书由所在单位和本人提出初步意见，提请直管企业和集团总部相关部门审议后，报集团公司审定。特级技师《聘期任务书》签订后，报党组组织部（人力资源部）备案。

（三）工作职责

1. 首席技师

首席技师在履行本岗位职责的基础上，主要履行技能攻关、技术革新、技能推广、人才培养，以及加入科技创新团队、承担攻关重大科研项目，领衔承担所在领域生产建设施工、重要工艺改造等职责。具体包括：

（1）承担技能操作疑难问题攻关工作，解决本职业难度大或复杂程度高的操作难题和生产故障。每年至少领衔参与1项直管企业科研、技术技能创新项目。

（2）开展降本增效、节能环保、生产工艺、安全质量等方面的技术革新和技术改造，提出本职业技术技能和操作方法等方面的改进意见和优化方案。聘期内取得至少1项集团公司级技术技能革新或发明创造成果。

（3）参加集团公司组织的技术研讨、技能交流活动，总结提炼本职业先进技术、工艺和操作方法，并组织应用、交流、推广，跨单位、跨地区发挥作用。

（4）承担职业技能等级标准制订（修订）、教材题库开发、兼职教师授课等工作，落实“师带徒”制度，积极培养后备高技能人才，履行传帮带责任，原则上聘期内带徒不少于3人。

（5）根据需要，参加国家级、省部级、集团公司科技攻关项目，承担重点项目生产建设中关键核心工艺落地攻关任务。

2. 特级技师

特级技师在履行本岗位职责的基础上，主要履行技能攻关、技术革新、技能推广、人才培养，参与科研项目攻关，领衔承担本企业生产建设施工、重要工艺改造等职责。具体包括：

（1）承担技能操作疑难问题攻关工作，解决本职业难度大或复杂程度高的操作难题和生产故障。每年至少领衔参与1项本企业科研、技术技能创新项目。

（2）开展降本增效、节能环保、生产工艺、安全质量等方面的技术革新和技术改造，提出本职业技术技能和操作方法等方面的改进意见和优化方案。聘期内取得至少1项直管企业级技术技能革新或发明创造成果。

（3）参加集团公司组织的技术研讨、技能交流活动，总结提炼本职业先进技术、工艺和操作方法，学习借鉴同行业先进经验和工艺，并在本企业内组织应用、交流、推广。

(4) 参加职业技能等级标准制订（修订）、教材题库开发等工作，承担兼职教师授课任务，落实“师带徒”制度，积极培养后备高技能人才，履行传帮带责任，原则上聘期内带徒不少于10人。

(5) 根据需要，参加国家级、省部级、集团公司科技攻关项目，承担重点项目生产建设中关键核心工艺落地攻关任务。

五、考核管理

考核分为年度考核和聘期考核。年度考核以年度任务完成情况为主，纳入员工绩效考核体系；聘期考核以聘期任务书明确的目标任务完成情况为主，同时还应综合考核聘期内的思想品德、行为表现、作用发挥等情况，在聘任期满时进行，可与聘期最后一个年度考核合并进行。

年度考核由所在单位实施，如涉及集团总部或直管企业安排的工作任务，由相关单位出具书面考评意见。每年年初，由所在单位与首席技师、特级技师本人依据《聘期任务书》分解情况制定年度考核指标，年底进行个人总结、单位考核、结果备案。

聘期考核按照考核准备、个人总结、述职答辩、综合评议的程序进行，首席技师聘期考核由集团公司党组组织部（人力资源部）牵头组织或授权直管企业组织实施，特级技师聘期考核由直管企业组织实施。

年度和聘期考核结果可参照绩效考核等级设置，分为优秀、良好、称职、不称职四个等级。聘期考核结果为良好及以上的可直接续聘；考核结果为称职的，应重新参加申报评审。年度或聘期考核结果为不称职的，予以解聘。

六、待遇保障

强化思想政治引领，营造劳动光荣、技能宝贵、创造伟大的浓厚氛围，完善符合技能人才特点的薪酬分配体系，多措并举提高首席技师、特级技师的各项待遇。

1. 提高政治待遇。将首席技师纳入集团公司党组联系专家范围，特级技师纳入直管企业党委联系专家范围，集团公司和相关单位领导通过不定期走访慰问、座谈交流等方式，关心关注首席技师、特级技师，听取意见和建议，帮助协调解决问题。注重在首席技师、特级技师中发展党员，优先参选“两优一先”、劳动模范和“两代表一委员”，当选所在单位职工代表大会代表，在工会等群团组织中挂职和兼职，列席企业重要会议。

2. 提高经济待遇。设立岗位津贴，在原有薪酬待遇的基础上，为首席技师、特级技师发放岗位津贴。鼓励各单位试行专项特殊奖励、股权期权激励、技术创新成果入股、岗位分红等激励办法。

3. 提高履职待遇。首席技师履职待遇可参照所在企业高级管理人员标准，特级技师可参照所在企业中级管理人员标准。

4. 提供干事创业平台。集团公司和各单位应大力支持首席技师、特级技师带头建设国家级技能大师工作室，推动生产工艺技术革新和科研成果落地转化，逐步形成产业、行业技术技能趋势引领力量，积极推荐参加国家级、省部级高层次人才评选表彰和研讨交流活动。

七、退出机制

首席技师、特级技师存在以下情形之一的，应予以解聘，并取消相关待遇：

1. 离开一线生产、工艺工法研究、技能人才培养等岗位的。

2. 退休或劳动合同终止的。

3. 经考核无法胜任岗位要求需要解聘的。

4. 发生责任事故，造成重大经济损失或不良社会影响的。

5. 存在严重违反职业道德或违纪违法违规行为的。

6. 因身体健康等原因无法履职的。

7. 因工作需要或其他原因需要解聘的。

八、工作纪律与监督

1. 严格规范选聘工作程序，不得降低选聘标准和条件。

2. 申报人员应如实提交个人材料，真实客观反映个人能力业绩，不得在选聘、考核工作中弄虚作假、徇私舞弊。通过不正当手段违规取得聘任的，一经核实立即解聘，并在 3 年内不得参加各层级职位选聘。

3. 工作人员要严格审查审核材料，遵守保密规定，不得向外透露选聘过程评价和初步结果等情况，加强评审过程资料管理和存档备案工作。

4. 评委会委员以专家身份工作，应当严守纪律、严把标准、严格保密，实事求是、公道正派地履行职责，在评审时执行回避制度，不得徇私舞弊、弄虚作假。

5. 加强评聘、考核等重点环节信息公开，自觉接受各级组织和职工群众的监督。对违反本方案要求的，依据有关规定追究相关单位、人员的责任。

江苏恒力化纤股份有限公司
特级技师评聘试点工作方案

根据《人力资源社会保障部办公厅关于开展特级技师评聘试点工作的通知》（人社厅发〔2021〕66号）、《江苏省特级技师评聘试点工作方案》（苏人社办函〔2021〕162号）要求，结合本公司实际情况，特制定此特级技师评聘试点工作方案。

一、评审组织

公司成立以总经理为组长的评审委员会（以下简称评审委员会），负责评审工作。评审委员会由公司总经理、副总经理，人力资源部及各部门领导组成，分为评审组与实施组。

评审组：负责评审标准的制定，参评人员业绩、贡献等材料的评审。

实施组：负责人员报名推荐、参评人员资质初审、评审现场的组织实施。

特级技师的评聘等日常工作，应在评审委员会统一领导下，由有关部门分工负责。

二、评审职业/工种

纺丝工、钳工

三、申报条件

参评特级技师人员为生产一线从事技术技能工作并具备相应条件的优秀高技能人才，模范遵守国家法律法规和企业规章制度，具备良好的职业道德和工匠精神，爱岗敬业、甘于奉献，职业能力和工作业绩在企业生产、工作领域得到一致公认，具备高超的解决生产一线技术难题业务水平或传师带徒成果显著，并具备以下基本条件之一：

1. 具有高级技师职业资格（职业技能等级），并在高级技师岗位工作满5年且仍从事本职业（工种）工作；

2. 具有与参评职业（工种）相应的正高级职称或一级专业技术资格且仍从事本专业领域工作。

具备基本条件并符合以下条件之一者优先考虑：

1. 中华技能大奖获得者；

2. 享受国务院颁发的政府特殊津贴人员；

3. 全国技术能手、世界技能大赛奖牌或国家职业技能大赛金牌获得者；

4. 省级及以上劳动模范或五一劳动奖章获得者；

5. 省级及以上技能大师工作室带头人或“技能大师”称号获得者；

6. “江苏大工匠”“江苏工匠”或“江苏省企业首席技师”称号获得者；

7. 带头编制国家职业技能标准或省级行业评价规范的专家组长；

8. “中国纺织大工匠”称号获得者；

9. 在专业领域方面对行业、公司有重大贡献者。

四、评审内容

采用业绩评审、技术总结和技术答辩的方式，重点考察参评人员在技术改造、发明创造、业务素质、以师带徒等方面的表现。其中业绩评审权重占60%，技术总结和技术答辩权重占40%。

五、评审流程

1. 报名（2022年3月上旬）

采用公司推荐、自主报名两种方式，报名人员填报《特级技师评审申报表》（见附件 1）并附相关证明材料，实施组对报名材料进行资质审核，并汇总参评人员信息。

2. 组织实施（包括业绩评审、技术总结和技术答辩）（2022 年 3 月中旬）

（1）业绩评审（60%）

业绩评审共 100 分，权重占 60%。主要考察参评人员业绩与成果、职业素养、传授技艺三方面内容。评审专家依据《特级技师评审明细表》（见附件 2）对参评人员进行打分。

（2）技术总结和技术答辩（40%）

技术总结和技术答辩分值共 100 分，权重占 40%。评审专家依据参评人员技术总结与现场答辩情况进行打分。

参评人员提供获得高级技师职业资格/技能等级证书期间撰写的本岗位技术工作总结。技术总结应不少于 5 000 字，申报者根据本人的业务能力、特殊技能、解决关键技术、技术革新、组织管理及培训指导等方面撰写个人技术总结。

评审组按照相关职业/工种的理论知识和操作技能

提问参评人员，了解其对专业知识的掌握程度；并根据申报者的技术总结，对申报者的绝招、特长、可以推广的实践经验及技术革新成果，加深扩展提问。

3. 人员确定及上报（2022 年 3 月中旬）

根据评审结果形成推荐名单，上报主管部门。

4. 名单公示（2022 年 3 月中下旬）

经评审通过人员列为特级技师建议人选，报省职业技能鉴定中心并面向全体员工公示。同时，省职业技能鉴定中心在省人力资源社会保障厅网站、“江苏人社”微信公众号公示特级技师建议人选名单，公示期不少于 5 个工作日。

5. 证书核发（2022 年 3 月底）

公示无异议后，公司颁发相应职业技能等级证书，证书样式和编码按人力资源社会保障部有关要求确定，证书编码中第 16 位为大写字母“T”。

具体时间安排以实际为准。

六、结果运用

1. 评聘成为特级技师的人员，可享受以下待遇：职级晋升经理级，最高总助级，享受对应职级工资待遇；享受公司人才培养补贴；优先给予外出学习培训机会；优先推荐参加先进评比与表彰。

2. 经公司聘任的特级技师应履行以下职责：

（1）遵守国家法律、法规和单位规章制度；

（2）热爱本职工作，坚持文明生产，保证生产安全，为人表率，具有良好的职业道德，高质量完成生产任务；

（3）掌握、应用和推广本职业/工种的先进技术、先进工艺和国内外先进经验，解决本职业/工种关键性的操作技术和生产中高难度技艺、工艺等难题；

（4）积极参与技术革新、技术改造、技术攻关，复杂设备的操作、调试、维修和排除事故隐患等工作；

（5）积极推广应用新技术、新工艺、新设备、新材料，参与新产品、新材料的开发试制和新设备使用；

（6）刻苦钻研技术，积极传授技艺，培养职工操作技能，指导岗位练兵，及时纠正和制止违反技术操作规程、生产工艺和安全操作的行为。

3. 特级技师聘任管理办法：

（1）特级技师的聘期由聘任单位根据不同职业/工种、岗位和生产实际确定，聘任期限一般不低于三年。

（2）聘任特级技师应坚持平等自愿、协商一致的原则，明确双方的权利和义务，聘任合同主要包括聘任期限、双方的权利和义务，辞聘、解聘、违约责任等。

（3）各部门在坚持特级技师不脱离生产一线的前提下，合理安排他们工作，并为他们履行工作职责提供必要的条件。适时组织特级技师进行技术攻关、技术表演、技术交流、技术咨询、技术讲座，举行技术成果发布会，总结推广先进作业方法，传播绝技和经验。

（4）相关部门制定相应考核办法和标准，对特级技师的业务水平、劳动态度和工作业绩进行考核。考核分为年度考核和任期考核。考核工作由人力资源部牵头，各部门配合。

考核要坚持定量分析与定性分析相结合，以定量分析为主。年度主要考核政治思想、职业道德、劳动态度、完成生产任务、革新创造、传授技艺等。任期考核应在年度考核基础上进行综合考核。考核由本人写出书面总结，经车间鉴定后，由聘任单位审定。

4. 有下列情况之一者，聘任单位应及时办理解聘手续，自批准次月起停发职务津贴、取消相关待遇：

（1）不履行岗位职责或工作不负责任、严重失职，年度考核或任期考核不合格；

（2）由于本人直接责任，发生行车险性及以上事故，职工重伤及以上事故，设备重大事故或其他重大事故，造成经济损失；

（3）因违章违纪或受到行政处分尚未达到解除劳动合同条件；

（4）调离现从事的生产岗位；

（5）任职期满不再继续聘任；

（6）因工负伤或因病休假，不能履行职责，脱离生产岗位医疗达六个月及以上。

七、相关要求

1. 要求各部门严格按照工作方案工作流程高质量开展评审工作。

2. 评审相关工作内部咨询与监督反馈（略）。

附件：1. 特级技师评审申报表（略）

2. 特级技师评审明细表

附件 2

特级技师评审明细表

序号	项目	考核内容及要求	评定成绩
1	业绩与成果（60 分）	1. 在国家级竞赛中获奖得 10 分；在省级竞赛中获奖得 8 分；在市级竞赛中获奖得 6 分；按最高项给分，不重复叠加 2. 获得国家级荣誉得 10 分；获得“江苏大工匠”“江苏工匠”或“江苏省企业首席技师”等省级荣誉得 8 分；获得市级技术能手、市级劳动模范、市级五一劳动奖章等市级奖项得 6 分；按最高项给分，不重复叠加 3. 省级技术创新发明、创造、推广、应用三等奖以上主要完成者得 10 分；市级技术创新发明、创造、推广、应用二等奖以上的主要完成者得 6 分；按最高项给分，不重复叠加 4. 取得技术成果或解决关键技术难题，为企业创造明显经济效益 50 万元以上的主要参与者得 10 分；取得技术成果或解决关键技术难题，为企业创造较好经济效益 20 万元以上的主要参与者得 8 分；参与企业技改项目并取得一定经济效益，获得企业或部门的较好评价（企业或部门先进个人、优秀生产工作者等）得 6 分；按最高项给分，不重复叠加 5. 作为主要发明人取得专利每项得 2 分，此项满分 10 分 6. 在国家级专业杂志发表科技文章、论文得 10 分；在省级专业杂志发表科技文章、论文得 8 分；在市级专业杂志发表科技文章、论文得 6 分，此项满分 10 分 7. 在部队服役期间因技术创新、发明、创造而荣立三等功以上者；有一定业绩与成果者，可在此模块总成绩不超过 60 分的前提下酌情加分，此项加分不超过 10 分	

续表

序号	项目	考核内容及要求	评定成绩
2	职业素养（20分）	创新能力5分（积极支持和参与公司指标攻关、小改小革活动，并取得显著成效）	
		爱岗敬业5分（热爱本职工作，对工作有较强的事业心和责任感，自觉遵守劳动纪律和各项规章制度，对突击性、临时性工作等自觉性、主动性强，任劳任怨）	
		带头作用5分（在各项工作中都能起到模范带头作用，不计较个人得失，能带领其他人员完成工作任务）	
		业务素质5分（岗位技能高超，操作水平一流，具有对同工种人员进行实际操作、作业技术指导的能力，能够独立解决生产中的关键、重点或高难技术问题）	
3	传授技艺（20分）	1. 有绝技绝活、参加市级以上技术经验交流或参加过市级以上专业技术授课，作出较大贡献者得10分；在企业公司内授课或技术讲座得6分；在部门班组传授技艺，并自编讲义等文字资料的，得2分；此项满分10分，按最高项给分，不重复叠加 2. 徒弟中有取得三级及以上国家职业资格/技能等级证书者得10分；徒弟中有取得四级国家职业资格/技能等级证书者得6分；徒弟中有取得五级国家职业资格/技能等级证书者得2分；无证书者得0分；此项满分10分，按最高项给分，不重复叠加	
综合评定		此表总分为100分	

最高年薪 100 万，万名一线工人争当技术能手
——华峰集团推八级工制度

在五一国际劳动节前夕，来自浙江温州的华峰集团有限公司获评全国五一劳动奖状。从 1991 年创立到现在拥有 50 多家全资及控股公司，稳稳向前的背后，是一线工人们在 140 多个岗位上的协同创新。这项国家级的荣誉，是对华峰集团的褒奖，也是对一万多名一线工人的礼赞。

这一万多名一线员工中，有请缨常驻华峰巴基斯坦公司的"全国五一劳动奖章"获得者夏国林；有提出"计量泵配件国产化"的浙江工匠黄章勋；有争当新时代"金牌工人"的"全国优秀农民工"薛孝西；有在省职工技能大赛中跻身前三的"浙江工匠"、仪表

高级工程师蔡信克；有锻炼出超快手速的“纺丝生头专家”林丙琛……他们大都没有耀眼文凭，而是默默坚守，孜孜以求，在平凡岗位上，追求职业技能的精益求精，走出了不平凡的劳动者之路。

近几年里，华峰集团先后印发多个加强产业工人队伍思想政治引领、加快构建产业工人技能提升体系、强化产业工人队伍建设的实施方案。在系列举措中，“八级工制度”尤其引人关注，这是针对一线技能型产业工人创新设立的华峰八级技工通道，经评定达到八级工的一线工人，最高年薪从 50 万元提高到 100 万元。“希望以此激发技术工人的积极性、创造性，打造一支高职业素养、高专业技能水平的技术工人队伍。”华峰集团人力资源部负责人介绍道。

在这样的制度激励下，华峰集团涌现了一批高技能人才。1990 年出生的林丙琛，高中毕业就进入了华峰集团，在前不久的八级工评定中，他被评为二级技工。“可以不吃饭，可以不休息，但是手头的工作必须先完成。我的动作再快一点，我就能让废丝少一点，原材料的浪费就少一些。”林丙琛说。

林丙琛目前完成一个生头流程的最快速度达到了 3

分30秒，“重复上千次，只为一两秒。”林丙琛认真钻研、力求在业务上成为“纺丝生头专家”，曾先后8次荣获公司三创“生头”比赛第一名，并多次成为公司“工匠1000攻守擂”擂主。在华峰集团的工匠文化馆里，明星师傅、华峰集团岗位标兵、千禧工匠林丙琛和其他多位劳模工匠一起亮相，向来往访客以及内部员工，讲述着劳动最光荣的真谛。

“浙江工匠”黄章勋自2006年入职华峰集团，一直默默坚守在工作一线，积极学习钻研机修技术，一步步成长为公司生产一线的骨干。计量泵是氨纶生产线上的关键设备，有些设备服役已有十几年，内部部件磨损严重，已影响到设备的正常运行和计量精度，同时由于进口设备采购供货周期长，配件费用昂贵等原因，设备一直无法更新。为此，黄章勋提出“计量泵配件国产化”项目，使困扰企业十多年的难题迎刃而解，每年为公司节约了近50万元的开支。2021年，黄章勋评上“三级技工”。

劳模工匠的示范引领作用，在一线职工中营造了争先创优的浓厚氛围，也似春风化雨般浸润着年轻员工们的心。“我刚进企业后感觉自己被一大批工匠劳模包围，不论年龄大小，不论男女，大家都很拼的样子。我就觉得自己也不能偷懒啊，要多练才行。”2021 年入职华峰集团的朱贺飞说。

（浙江融媒体，2022 年 5 月 30 日）